長期停滞下の現代資本主義

―― 理論的・実証的・歴史的分析 ――

鳥居 伸好 編著

中央大学経済研究所
研究叢書 83

中央大学出版部

はしがき

　現代資本主義分析研究部会は，2021年4月1日から2024年3月31日までの研究期間において，「長期停滞下の現代資本主義─理論的・実証的・歴史的分析─」をテーマとして，3年間の部会活動を展開してきた。本書は，その成果と言える。

　本書のタイトルに示されているように，本研究部会は，1970年代以降の現代資本主義を長期停滞という観点で捉え，その諸原因や諸影響について，理論的・実証的および歴史的な視角から分析することを研究目的とした。その際に，直接的な対象を日本資本主義の分析に置きつつ，その背景にある世界経済，具体的には急速に成長してきた中国経済や，日本経済のあり方を大きく規定する米中関係などの分析も有機的に結びつけつつ，新自由主義だけでなく，資本主義の限界自体に言及されている現代の状況において，あるべき経済システムやオルタナティブの提言という現代の経済学に課せられた課題も視野に入れて研究を進めてきた。

　研究期間3年間は，その間にコロナウィルス感染症の影響もあり，研究部会としての活動がかなり制限され，共同研究の機会が限られていたこともあり，研究テーマを念頭に置いた研究員各自の個別の研究活動が主な活動となった。それゆえ，部会としての研究活動は，長期停滞として現代資本主義を捉えるという全体を貫く分析視角に基づき，部会を構成する研究員間での共通認識を深めつつも，研究部会としてのまとまりのある研究の積み重ねというよりも，むしろ各研究員が専門的に扱う分野に即した個別の研究の積み重ねとなった。したがって，本書は，基礎理論，景気循環論，独占資本主義論，歴史的分析，対外関係（日米中や日韓関係など），産業分野（情報，流通，金融など），労働・雇用およびオルタナティブ（未来社会）論について，各自の研究目標に即して研究を進めてきた成果と言える。

このような研究部会の活動経緯から，本書の章立ては，個別の成果を最大限に尊重することを基本方針として，執筆者各自の専門性が反映される個別の研究成果について，系統的に結びつきのある論文をまとめた配置となった。したがって，統一テーマに即した論文内容という共通性を持ちつつも，全体としての体系性を念頭に置いた章立てというよりも，むしろ系統的な諸論文の配置を意識した章立てとなっている。

その章立ては，次の通りである。

第1章　長期停滞論へのカレツキアンモデルの適用可能性（東浩一郎）

第2章　マルクス経済学から見た生産関数の検討（平野健）

第3章　長期停滞下における競争政策の展開
　　　　──イノベーション政策を中心に──（秋保親成）

第4章　大手鶏卵会社の組織体犯罪とグローバル資本主義（前島賢土）

第5章　資本主義の基本的矛盾と新自由主義的政策
　　　　──日本と韓国の事例を中心に──（鳥居伸好）

第6章　資本主義経済の「内在的矛盾」と日本経済の長期停滞
　　　　──「収益性危機」脱却の「成功」の帰結としての停滞──（松橋透）

第7章　日本経済の衰退と日本独占資本の没落
　　　　──外需依存と新自由主義の帰結──（村上研一）

第1章「長期停滞論へのカレツキアンモデルの適用可能性」（東浩一郎）では，長期停滞論へのカレツキアンモデルの適用可能性を探っている。資本蓄積論におけるマルクス学派の基本姿勢を確認した上で，第1節ではカレツキおよびマーグリンのモデルをマルクス学派の視点から考察している。第2節では，長期停滞論の例として，投資抑制が利潤率の上昇と停滞を共存させるという佐藤拓也氏の見解をもとに，カレツキアンモデルの適用可能性を考察している。結論においては，現在の日本が賃金主導型レジームにあることと，モデルを当てはめることでマルクスの独占資本主義論をより発展させられる可能性について論じている。

第2章「マルクス経済学から見た生産関数の検討」（平野健）では，主流派

経済学で用いられる生産関数をマルクス経済学ではどのように考えるべきかを検討している。生産関数は主流派経済学にあってもいわば「鬼門」であり，容易に解決できない問題を抱えているが，その中心にあるのは，技術を体化している「固定資本」（労働手段）を価値額ベースの資本量の形で代表させ，生産量との間の規則性を見出そうとする態度にある。データから観察される資本量と生産量の関係は，「固定資本」のなかに体化している生産技術の発展や普及の現れなので，まずはその内容の側を知っておく必要があり，本章では，まず生産関数をめぐる争点を振り返り，次いで資本主義的な生産技術の典型として製造業における機械の特徴を生産管理と原価管理の両面から捉え，「機械化」が産業部門によって偏って普及していることを概観し，最後に生産と消費という社会的物質代謝のサイクルの両極の性質に起因していることを論じている。

　第3章　「長期停滞下における競争政策の展開――イノベーション政策を中心に――」（秋保親成）では，競争政策の主柱としてのイノベーション政策について検討するとともに，イノベーションをめぐる日本経済の現状について公的統計をもとに分析している。まず第1節では，アメリカを中心とした競争政策の変遷を概観し，知的財産保護政策の経済的意義について検討するとともに，イノベーションをめぐる議論の概要を確認している。そして，第2節では，近年の日本におけるイノベーション政策の全体像を確認した上で，代表的な施策として科学技術基本計画，およびオープンイノベーション政策について考察し，第3節では，特許や起業，投資，人材といった諸要素の資料をもとに，日本におけるイノベーションに関わる経済状況について分析し，長期停滞との関係性について検討している。以上の考察を踏まえ，イノベーション政策の一環として，持続可能な発展の実現に向けて，社会システムの再構築を提起している。

　第4章　「大手鶏卵会社の組織体犯罪とグローバル資本主義」（前島賢土）では，大手鶏卵会社の組織体犯罪（贈賄）について検討し，会社代表と当該鶏卵会社のイデオロギーである反グローバリズムが，当該鶏卵会社の実在条件であったグローバル資本主義に対する反動として，当該会社にもたらされた経緯を明確に指摘するとともに，鶏卵会社の組織体犯罪（贈賄）の背景には，現代の資本

iv

主義を表すグローバル資本主義が存在したことを明らかにしている。

第5章 「資本主義の基本的矛盾と新自由主義的政策——日本と韓国の事例を中心に——」（鳥居伸好）では，現代資本主義における長期停滞を資本主義の構造的問題と捉える見地から，長期停滞の準備段階を含むその必然性を探究することで，その現象の本質が明らかにされるとし，1970年代の金・ドル交換停止とそれに連動するオイルショック，スタグフレーションによって示される資本主義の構造的危機を，考察対象とする長期停滞の誘因と考え，その構造的な問題を克服する国家による政策の必然性を長期停滞と重ね合わせて検討している。その際に，資本主義の発展過程において，新自由主義的政策の導入経緯（その必然性）を明らかにしつつ，資本主義そのものが持つ宿命として，日本経済の長期停滞が位置づけられ，それが日本に特化されたものではなく，同じ傾向が韓国にも見られることを国際比較として検討することによって，構造的な問題としての長期停滞の検証が試みられている。

第6章 「資本主義経済の「内在的矛盾」と日本経済の長期停滞——「収益性危機」脱却の「成功」の帰結としての停滞——」（松橋透）では，『資本論』第3部第3編第15章における「恐慌の究極の根拠」として措定された「利潤生産の条件とその実現の条件とのあいだの矛盾」が主な検討対象とされ，恐慌を，「資本に基づく生産に固有の必然的な限界によって根源的に措定された事態」と捉え，この恐慌の究極の根拠としての「内在的矛盾」を，資本主義経済が資本主義経済としての本質をもつ限り揚棄しえないものとして，資本主義経済の「内在的矛盾」と日本経済の長期停滞が検討されている。また，矛盾の発現形態が資本主義の構造変化に伴って変容することに言及し，1970年代に現れたインフレと不況との併存というスタグフレーションの検討を踏まえ，現下の日本経済の長期停滞が，「内在的矛盾」の今日的な発現形態という観点から把握することが肝要であることが示されている。

第7章 「日本経済の衰退と日本独占資本の没落——外需依存と新自由主義の帰結——」（村上研一）では，日本の産業・経済の衰退が外需依存的「経済大国」という日本産業の性格とともに，米国の対日要求を背景とした新自由主

的制度改革に起因することが明らかにされ，国際関係および世界経済の中での日本経済および日本独占資本の位置づけが検討されている。また，内需縮小と国際競争力低下に起因する日本産業の衰退に対して，日本政府が財政支出や官製市場，国内独占価格などによって旧来の独占資本の温存を図る政策を繰り返している点も明らかにした。このように、需要・供給両面での日本経済の衰退が40年来の外需依存的産業構造と20年以上継続してきた新自由主義的制度改革に起因することから，需要・供給両面での日本産業・経済の根本的変革が不可欠であることが指摘されている。

　本書は，現代資本主義分析研究部会がその前身の日本資本主義分析研究部会との継続性を持つことを考えれば，研究部会としての5冊目の『研究叢書』となる。本書も，これまでに刊行された研究成果と同様に，活発な議論の展開を促す文献として活用していただけることを期待したい。

　2024年4月

現代資本主義分析研究部会

主査　鳥　居　伸　好

目　　次

はしがき

第 1 章　長期停滞論へのカレツキアンモデルの適用可能性

　　　　……………………………………………… 東　浩一郎…　1

はじめに——問題の設定 …………………………………………　1

1. カレツキアンの基本モデルとマルクス学派 …………………………　5

2. 長期停滞へのカレツキアンモデルの適用

　　——佐藤拓也氏の見解をもとに—— …………………………　16

おわりに…………………………………………………………………　19

第 2 章　マルクス経済学から見た生産関数の検討

　　　　……………………………………………… 平　野　　健…　25

はじめに………………………………………………………………　25

1. 生産関数と固定資本の計測問題 ………………………………………　26

2. 現代の工場における労働過程と価値増殖過程 ………………………　36

3. マクロ経済統計に見る産業と設備の類型 ……………………………　44

おわりに…………………………………………………………………　53

第 3 章　長期停滞下における競争政策の展開

　　　　——イノベーション政策を中心に—— ………… 秋 保 親 成…　59

はじめに………………………………………………………………　59

1. 競争政策，およびイノベーション論の歴史的展開 …………………　60

2. 日本におけるイノベーション政策の展開 ……………………………　64

3. イノベーションをめぐる日本経済の現状と長期停滞 ………………　72

viii

おわりに……………………………………………………… 84

第4章　大手鶏卵会社の組織体犯罪とグローバル資本主義
……………………………………… 前 島 賢 士… 87

はじめに……………………………………………………… 87

1. 事件のあらまし…………………………………………… 89

2. 正　当　化……………………………………………… 93

3. 正当化のよりどころである反グローバリズム…………… 95

4. 反グローバリズムをもたらす実在条件………………… 97

おわりに……………………………………………………… 107

第5章　資本主義の基本的矛盾と新自由主義的政策
——日本と韓国の事例を中心に——………… 鳥 居 伸 好… 111

はじめに……………………………………………………… 111

1. 資本主義の基本的矛盾と資本主義の発展・変化………… 113

2. 基本的矛盾と資本主義の構造的危機…………………… 116

3. 基本的矛盾と新自由主義的政策………………………… 121

4. 基本的矛盾と新自由主義的政策に関する個別事例……… 126

おわりに……………………………………………………… 135

第6章　資本主義経済の「内在的矛盾」と日本経済の長期停滞
——「収益性危機」脱却の「成功」の
帰結としての停滞——………………… 松 橋　　透… 139

はじめに……………………………………………………… 139

1. 日本経済の長期停滞（「失われた30年」）と「砂上楼閣の高収益」
………………………………………………………… 140

2. 「砂上楼閣の高収益」の要因分析……………………… 142

3. 日本経済の長期停滞（＝「失われた 30 年」）を規定する論理

  ——「利潤生産の条件とその実現の条件との間の矛盾」の

    今日的発現—— ……………………………………………… 144

4. 「収益性危機」脱却策としての新自由主義的経済政策と企業行動

  ……………………………………………………………… 146

5. 「収益性危機」の原因を賃金騰貴による利潤圧縮に求める諸説と

  その難点 ………………………………………………… 148

6. 「利潤圧縮説」の 1990 年代不況への適用

  ——橋本寿朗の所説と日本の 1990 年代「収益性危機」の原因—— ……… 151

7. 1970 年代欧米の「収益性危機」を規定した論理 …………………… 156

8. 「内在的矛盾」の二律背反的・対抗的関係を現出させる再生産構造

  ……………………………………………………………… 160

第 7 章　日本経済の衰退と日本独占資本の没落

  ——外需依存と新自由主義の帰結—— ……… 村 上 研 一 … 169

はじめに——衰退日本の現実 ………………………………………… 169

1. 内需縮小と長期停滞

  ——外需依存的「経済大国」の帰結—— ……………………… 171

2. 企業経営の変貌と国内供給力衰退

  ——新自由主義の帰結—— ……………………………………… 179

3. 米中グローバル独占と日本独占資本の没落 …………………… 190

おわりに——日本産業・経済再建の課題 ……………………………… 192

第 1 章

長期停滞論へのカレツキアンモデルの適用可能性

東　浩　一　郎

はじめに——問題の設定

失われた 30 年と言われる日本経済の長期停滞は，一時的な需給ギャップや短期的な景気後退局面だけでは説明できず，資本蓄積構造自体の問題として把握する必要がある。しかし，その切り口は多々あり，国際競争力の低下や産業構造の変化といった供給側に原因を求めるものもあれば，実質賃金の低下や投資不足といった需要側に原因を求めるものもある。本書においても見解は多様であり，秋保論文（第 3 章）では政府のイノベーション戦略の失敗が国際競争力の喪失につながった点を強調しており，鳥居論文（第 5 章）では，生産の社会的性格と取得の私的・資本主義的性格の間の矛盾として捉えている[1]。これらの分析はマルクス学派の視点をもとに行われているとはいえ，マルクス自身にこれらを裏づける一貫した理論があるわけではない。その 1 つの理由はマルクスが生きた 19 世紀ヨーロッパと現代では資本蓄積構造自体が異なるからであるが，それ以上に『資本論』自体の論理構成自体が定まっていないことに起因している。古くから「プラン問題」として議論されているように，『資本論』

---

1) 本章後半では，佐藤拓也氏の見解を取り上げているが，これは当初本書に佐藤論文が掲載される予定だったからである。諸般の事情により佐藤論文は掲載されていないが，Sato（2022）をもとに本章を展開することとする。

自体が未完の書となっているだけでなく，『資本論』の第 1 巻，第 2 巻，第 3 巻で異なる視点が導入されているが，これらは相互に必ずしも整合しているわけではない。第 1 巻，第 2 巻では価値通りの交換が前提されているが，第 3 巻では生産価格に基づく交換が基準となる。ここから総計命題を巡るいわゆる「転化論争」あるいは「転形論争」が生じる。また，第 1 巻は単一資本ないしは単一部門のレベルで議論されるが，第 2 巻では再生産表式に見られるように複数部門が導入されている。ここから，なぜマルクスは，複数部門が存在するにもかかわらず生産価格ではなく価値通りの交換を想定しているのかという疑問が生じる[2]。そのため，現在ではマルクス学派のなかにおいてもさまざまな見解が存在しており，何がマルクス的なのかということ自体議論の対象である。

　一方，非マルクス学派においても，さまざまな資本蓄積モデル，経済成長モデルが提唱されている。とりわけポスト・ケインジアンモデルは階級関係を明示的に組み込んでいるため，マルクス学派との接近が行われてきた。とはいえ，ポスト・ケインジアンモデル自体が多岐にわたる上，現在も発展を続けているため，マルクス学派から見た評価やマルクス学派のモデルへの組み込みは一様ではない。その根底にある最大の難問は「労働価値説」に対する見解の相違である。本章の主旨から外れるので転形論争史を詳述することは避けるが[3]，価格体系で動いている現実の経済を価値すなわち抽象的人間労働量が規制しているということを証明することが困難であるため，労働価値説についての議論は決着していない。Sraffa（1960）で示されるように，物量体系を根底に置けば，価格体系でも価値体系（投下労働労体系）でも表すことができるものの，労働価値説に対しては Steedman（1977）のフォーク型論理構造のような批判を許すことになる。そのため，現状分析への適用における解決方法の 1 つとして生産過程において労働価値説を主張することの放棄がある。そうすれば，独占に基づく不完全稼働や階級対立を組み込んだ資本蓄積モデルなど，マルクスの提起

---

2)　置塩（1987）では，資本蓄積論は第 2 巻ではなく第 3 巻で論じられるべきであると主張される。

3)　転形論争についての私の見解は拙稿を参照されたい（東 2006）。

した資本主義観を取り入れたモデルは他学派とりわけポスト・ケインジアンによって実に多様なバリエーションで提供されているので，これを援用することができる[4]。しかし，労働価値説を放棄すると搾取は単なる哲学的概念となるか，生産関係に基づく搾取ではない新たな搾取概念を作り出す必要がある[5]。一方で，欧米マルクス学派のなかには，フォーリー，モーズリー，フリーマンなど，価値の評価局面を価格に引きつけることで労働価値説を擁護しつつ，他学派の成果を積極的に取り入れてきた歴史もある[6]。とりわけ現在のポスト・ケインジアンモデルは，多様なレジームを許容しているため，マルクス学派の視点に合致するモデルも多く存在しており，マルクス派からの接近がさまざまな形で試みられている。もちろん，マルクスとケインズの関係については，すでに90年にわたる論争があり，本来であれば本章の前提として振り返るべき興味深い点も多々あるが，紙面の関係で本章に直接関わるものだけに限定すること

---

4) 植村ほか（2007）では，一方において「生産要素の限界生産力に依拠せずとも，利潤の存在を証明できるというのが，マルクスの（投下）労働価値説とそれに基づく「マルクスの基本定理」（Marxian fundamental theorem）」（305 頁）として労働価値説を評価し，他方で，「価値通りの交換（中略）の想定によって，貨幣経済のダイナミクスと有効需要の原理の十分な理解が阻まれる」（10 頁）こととなった，とその限界に言及している。ここにおける労働価値説の肯定的評価は，マルクス基本定理，すなわち，剰余と利潤がその符号において同値関係にあるということである。こうした理解は，松尾編（2021），大西（2020）など，近年のマルクス経済学のテキストにおいても共有されている。しかしこれは，生産過程における剰余労働が剰余価値を生み，これが流通過程を通して利潤として分配されるという，マルクスの労働価値説とは異なっている点に注意しなければならない。

5) 後者の典型は分析的マルクス主義（合理主義的マルクス主義）である。

6) 価値を価格局面において理解する手法は，"New Interpretation" として展開されている。この手法は，1. 投下労働を純生産（付加価値生産）の局面のみで把握する，2. 付加価値総額を総労働時間で除すことで価値を表現する。これは，労働の貨幣表現 = MELT（Money Expression of Labor Time）と呼ばれる。ただし，この手法においても同時的に理解するモーズリーらと継起的に理解するフリーマン，クライマンらでは見解が異なっている。この論争については，Potts and Kliman ed.（2015）にまとめられている。また，モーズリーらの見解は，Moseley ed.（2005）にまとめられているが，第 11 章には伊藤誠の "The New Interpretation and the Value of Money" も収められている。

4

とする[7]。

　本章で議論になるのは資本蓄積論なので，資本蓄積論において何がマルクス的なのか簡単に確認しておこう。第1に，労働価値説の含意である。マルクスは『資本論』冒頭において希少性を排除しており，資本主義経済においては労働を投下すればそれに比例して商品が生産されると考えている。好況末期に相対的過剰人口が枯渇して実質賃金率が上昇する過程を除けば賃金は労働力再生産費として一定である。換言すれば，労働市場においては労働供給に希少性が存在しないため労働供給曲線が水平であり，財市場においては限界費用曲線が水平である[8]。加えて資本の限界生産力も一定である。これが労働価値説において重要な点の1つである。第2には社会的再生産の視点である。これはマクロ的な動態に規定されてミクロの運動が存在する，ということである。もちろん資本主義経済においては，個々の資本家は無政府的に行動しており社会的再生産は事後的に実現されるにすぎない。第3に，独占資本主義の視点である。具体的に言うのであれば，自己資本による資本蓄積が中心であったマルクスの時代に対し，現在は，信用制度の発展と固定資本規模の巨大化による独自の投資関数の組み込みと，独占に基づく不完全稼働を前提とした生産関数を考慮しなければならない。

　以上を考慮して，本章では，長期停滞論へのカレツキアンモデルの適用可能性について考察したい。第1節では，カレツキアンモデルの基本構造をカレツキとバドゥリ＝マーグリンのモデルをマルクス学派の視点から簡単に確認する。ここにおいて，なぜマルクス学派の長期停滞論にカレツキアンモデルの適用可

---

7)　マルクスとケインズの関係を論じたものは，古くは都留重人から，伊藤光晴，宮崎義一など膨大に存在しているが，とりあえずここでは塩沢（2002）を挙げておく。

8)　「労働力は，資本主義的生産の基板上ではいつでも使用可能であり，また必要な場合には，使用労働者数または労働力量を増大させないでも，より多くの労働を流動させることができる。それゆえ，さしあたりこの点にこれ以上詳しく立ち入る必要はなく，むしろ，新たに形成された貨幣資本のうち可変資本に転化されうる部分は，それが転化すべき労働力をいつでも見いだすものと仮定する必要がある。」（Marx 1867，訳812頁）。

能性を探るのかの根拠も明らかにされるであろう。第2節では，長期停滞論として佐藤拓也氏の見解を取り上げ，これとカレツキアンモデルの接合を図っている。

1. カレツキアンの基本モデルとマルクス学派

カレツキアンはポスト・ケインジアンの1つの潮流であるが，そもそもポスト・ケインジアンと言っても一概ではない。過去にはサミュエルソンの新古典派総合をポスト・ケインジアンと呼ぶこともあったが，1970年代以降は，新古典派に基づく主流派経済学と距離をとる経済学派のなかでもケインズの一般理論を発展させる指向性を持つ学派をポスト・ケインジアン（あるいはネオ・ケインジアン）と呼ぶようになった。鍋島（2001），西（2014）では，Hamouda and Harcourt（1989）を踏襲し，ポスト・ケインジアンを以下の3つに分類している。1つ目は，内生的貨幣供給論を展開するなど貨幣の特殊性あるいは貨幣の二分法の批判を重視する「ケインジアン・ファンダメンタリスト」である。2つ目は，カルドア，カレツキに基づき，所得分配を踏まえた有効需要主導型の経済成長理論を提示する「カレツキアン」である。そして3つ目は，新古典派的な限界生産力に基づく論理展開を否定するスラッファに端を発する議論を展開する「スラッフィアン」あるいは「ネオ・リカーディアン」である。

本章で取り上げるのは，カレツキアンモデルであるが，その理由はマルクス学派の理論との接近が図られてきたからである（後述するように相違点も存在する）。もっとも，カレツキ自身の立脚点を考えれば，カレツキアンモデルがマルクス学派と相性が良いのはむしろ当たり前かもしれない。一方，西らの分類にある「ケインジアン・ファンダメンタリスト」は，貨幣の特殊な役割に関してマルクス学派と一定の距離がある。マルクスは有効需要の原理についてケインズほど明確ではないにせよ自覚して論理を組み立てているが，そこにおいて貨幣が果たす特殊な役割については極めて不十分にしか論じられていない。戦後，『剰余価値学説史』が使用できるようになったことで，それまで考えられていた以上にマルクスはセイ法則を否定したと考えられるが，それでもなお，貨幣の果

6

たす役割についてはあいまいである[9]。他方，スラッファモデルは実物体系を
基礎に置いているので，ニューメレールに労働を置けば容易に投下労働量に還
元することができ，マルクスが提起した主張をモデル化することも可能である。
しかし，先に述べたように労働価値説に立脚してスラッファモデルを解釈する
と，フォーク型論理構造の議論を避けては通れない。この論点は「マルクスの
基本定理」とも交錯しながら価値論のレベルで議論しなければならないもので
あり，この議論に入ると，本書の共通テーマである長期停滞の分析あるいは資
本蓄積論のレベルにおける議論に到達するには紙面が足りなくなってしまうの
で，ここでは省略する。

1-1　カレツキモデル

　カレツキは，現在では有効需要原理をケインズとは別個に同時期に考案した
経済学者として高く評価されているが，単にケインズ同様の原理を発見したの
ではなく，モデルを動学的に発展させたという点ではケインズ以上の評価を与
えることもできる。例えば浅田（1997）は，

　　「ケインズの理論は短期における国民所得決定の静学的な理論に過ぎなかっ
　　たのに対し，カレツキは，国民所得の変動を説明できる首尾一貫した数学
　　的な動学モデルを提示したという意味で，ケインズよりも優れた一面を持っ
　　ていたと言うことができるであろう。」[10]

---

9)　石倉（2012）では，「マルクス貨幣論は，商品貨幣の前提に制約されながらも，貨
　幣を「交換の媒介物」としてのみ把握する中立的貨幣観を克服し，「貨幣の使用価値」
　をふくむ分析枠組みにもとづいて商品価値の貨幣的実現を説明している点で，ケイ
　ンズよりも数十年早い時期に，貨幣経済の分析的基礎を提供したと評価できる。」（5頁）
　と述べられており，ケインズに先立ってマルクスが貨幣の特殊性に気づいていた点
　を強調する。マスクスは，『資本論』において販売と購買の非対称性からセイ法則を
　明確に否定しているのであるから，マルクスにその地位を与えることはあながち間
　違いではない。しかし，再生産表式に見られるように，資本蓄積においては信用を
　考慮せず利潤がそのまま投資に結びつく，まさにセイ法則に基づく議論を展開して
　おり，貨幣の特殊性は無視されている。

と述べており，カレツキを高く評価している。

カレツキは，1933 年の初期の論文から 1970 年まで常に試行錯誤を続けていたので細部まで論理が一貫しているわけではないが，① 不完全稼働に基づくマークアップ価格の設定，② 利潤に対する投資の先行性（独自の投資関数の存在），の 2 点に基づいて成長モデルを組み立てているところに特徴がある[11]。そこで，簡単にカレツキの基本モデルを提示し，不完全稼働と投資の先行性について考察していこう。

1-2　固定資本の不完全稼働

カレツキは，固定資本の不完全稼働を前提に，新古典派と対照的な価格理論と，ケインズあるいはハロッドと対照的な投資理論を提唱している。

マルクスは，完全競争市場においても生産価格に基づく価格理論を主張しているが，新古典派的なミクロ理論では完全競争市場において価格は外生的に決まり，逓増する限界費用の想定の下，$P = MC$ で生産量も決定される。カレツキは，固定資本の不完全稼働を前提とする不完全競争市場においてマークアップ価格（あるいはフルコスト原理）に基づく価格理論を主張した。

$$p = \frac{m}{1-n}u$$

p：価格，u：主要費用（原材料費＋賃金費用），$m \cdot n$ は独占度によって変化する係数

カレツキの価格理論はマルクス学派の立場から，① 独占理論，② 限界生産力説の否定，という 2 つの点で評価しうる。カレツキは，マークアップ率は寡

---

10)　浅田（1997），34 頁。なお，同所で浅田も述べているが，この評価は浅田に限ったものではなく，ロビンソン，イートウェルも同様の見解を述べている。

11)　ラヴォワはカレツキアンモデルの特徴を，① 独立した投資関数，② マークアップによる独占的価格設定，③ 稼働率の変数化，としている（Lavoie 1992）。浅野（1988）においては，カレツキの投資関数が 2 つの側面，すなわち在庫投資を加速度原理で解き，固定資本投資を国民所得とその変化の関数で解くことに意義があるとしている。加速度原理のみに着目すると，ハロッド＝置塩型投資関数のように，不均衡が一方的に拡大していくこととなる。

8

占市場の支配力によって決まると考えている。一見ラーナーの独占度に関わる議論とも考えられるが，企業は不確実性に直面しており，利潤最大化を試みているわけではない，とされている。また，主要費用は安定的であると考え限界生産力原理を否定しており，この点もマルクスに通じるものである。

　次に，投資理論を見ていこう。ケインズは短期の投資需要のみに着目し，短期の投資は利子率の減少関数であると考えたが，カレツキは固定資本の稼働率が期待利潤率を規定する点に着目した。他方，投資の持つ生産力効果（加速度原理）に着目したハロッド＝ドーマーモデルとも異なっている。カレツキは投資を在庫投資と設備投資に分け，加速度原理が働くのは在庫投資に限定している。加速度原理に基づく投資の生産力効果を主張したハロッドモデルがなぜ不均衡が拡大していくのかという根拠を明らかにしていないのに対し，カレツキはその解答となるモデルを提唱していると言える。

1-3　投資の先行性

　マルクスは拡大再生産表式において，再生産が順調に行われるためには，複数資本において，ある資本家が利潤を超える固定資本を購入するのであれば，それに見合う額が他の資本家によって蓄積基金として引き上げられなければならないと考えている。もちろんそれが順調に進行する保障はないので再生産の困難が生じることとなる。その意味において，マルクスにおいても利潤がそのまま投資になるわけではなく，利潤と投資の分離が行われている。しかしマルクスの議論はそこから投資の先行性に向かうのではなく恐慌論へと展開される。したがってカレツキは，マルクスの理論をそのまま受け継ぐのではなく，投資の先行性という視点からこれを発展させたと考えられる。

　閉鎖経済で政府部門を考慮せず労働者は貯蓄しないという単純なモデルにおいては，

$$P = I + C$$

ただし，P：粗利潤，I：粗投資，C：資本家消費

となるが，カレツキは，その際に左辺と右辺のどちらが先行するのかを考察している。

　　「この疑問に対する回答は，これらの項目のどの項目が直接的に資本家の決意によって決定されるのかということに依存している。ところで，資本家はある期間に前期より多く消費したり投資したりということを決意することはできるであろうが，より多くの利潤を獲得しようと決意することができないことは明らかである。したがって，利潤を決定するのは彼らの消費決意と投資決意であって，その逆ではない。」[12]

　マルクスにおいては，資本家は単に資本が人格化した存在であり，常に資本蓄積を目的に行動している。したがって資本家の主観が入り込む余地がないという点においてマルクスと異なっていると考えることもできるが，利潤を得られないような資本蓄積は長期で見れば蓄積自体を困難にするので，マルクス理論の延長と考えることもできる[13]。マルクス自身，拡大再生産表式において利潤がそのまま投資を決定するとは考えていない[14]。その後のマルクス学派にお

---

12)　Kalecki（1971），訳79-80頁。なお，同書は1971年に発行されているが，自身の1933〜1970年の論文を一部加筆訂正してまとめたものである。カレツキについては，初期と後期では投資関数や所得分配について異なる見解を持っているが，本章では同書第II部およびKalecki（1954）における論文を取り扱うこととする。

13)　資本家を単なる人格化した資本と見るのではなく，人格自体を取り扱うにはその背景にある社会や文化，歴史をもとに考察する必要がある。植村ほか（2007）では制度派経済学の成果を積極的に取り入れる立場からマルクス理論の問題点として，「資本主義経済を分析する際，労働者や資本家は経済的カテゴリーの単なる「担い手」として登場してくるだけであって，その内面的動機づけや行動の様式に関する立ち入った分析は行われてはいない。しかしながら，巨大株式会社組織と大衆消費社会の今日においては，主体の動機や行動が諸制度によっていかに規定され，また主体の行動がいかに諸制度を再生産するかということは，不可欠の分析課題にならざるをえない。」（9頁）と指摘している。

14)　「均衡は，ただ，一方的諸購買の価値額と一方的諸販売の価値額とが一致するという仮定のもとでのみ現存する。（中略）これらの諸条件はそれと同じ数の異常な進行の諸条件に，すなわち恐慌の可能性に急転する。というのは，均衡は——この生産

10

ける議論は，『賃金・価格および利潤』で展開されたいわゆる「リカード＝マルクス命題」[15)]をめぐる議論と重ねて行われてきた。利潤が投資を規定するのか独自の投資関数を持つのかという議論は，セイ法則を認めるのか否かという議論に通底しているからである。置塩・伊藤（1987）第3章「投資の役割」を例にとると，当然ながら置塩は「ハロッド＝置塩型投資関数」にもとづく主張を展開しているが，均衡論的傾向を持つ宇野学派に属する伊藤も投資の先行性自体は認めている[16)]。

このように考えると，マルクスが『資本論』第1巻，第2巻で採用している価値通りの交換は，あくまで理想的平均を示しただけであり，現実にはそこからの乖離が常に起こることは当然である。しかしマルクスは，第3巻のレベルで資本蓄積論を展開していないため，投資が先行するようなモデルは依然不明であった。カレツキはこのレベルでモデルを構築したということができるであろう。

さて，投資の先行性を認めると，国民所得の分配も再構成されることとなる。カレツキは，投資財生産部門（第Ⅰ部門），資本家消費財生産部門（第Ⅱ部門），労働者消費財生産部門（第Ⅲ部門）の3部門の再生産表式に基づいて所得分配を考察している[17)]。当然，第Ⅲ部門の生産額は第Ⅰ部門，第Ⅱ部門，第Ⅲ部門の労働者の賃金と等しくなるまで拡張（あるいは縮小）されなければならない。そしてその時の第Ⅲ部門の資本家が得る利潤は第Ⅰ部門，第Ⅱ部門の労働者の賃金と等しくなるであろう。そして，

「利潤が資本家の消費と投資によって決定されるものとすれば，「分配要因」

の自然発生的な姿態のもとでは——それ自身一つの偶然だからである。」（Marx 1867, 訳801頁）。

15) 「リカード＝マルクス命題」とは，賃金率上昇は物価水準に影響を与えないというものである。その数学的証明は，松尾（1997）を参照されたい。

16) ただし伊藤は，置塩がハロッド型の不均衡が拡大するモデルを提唱していることに対し，景気循環の局面に応じて状況が異なると考えている（置塩・伊藤 1987, 69頁）。

17) Kalecki（1971），訳81頁。

第1章 長期停滞論へのカレツキアンモデルの適用可能性　11

によって決定されるのは，（ここでは労働者の消費に等しい）労働者の所得である。このようにして，資本家の消費と投資は「分配要因」と共同して労働者の消費を決定し，その結果国民産出量と雇用を決定する。国民産出量は，「分配要因」に従ってそのうちから切り出される利潤が資本家の消費と投資に等しくなる点まで拡張されるであろう。」[18]

　つまり，利潤が資本家の消費＋投資に等しくなるのは以下の通りに国内総生産と雇用水準が決定されるからである。

　　1.資本家の消費と投資→ 2.利潤→ 3.賃金→ 4.国内総生産と雇用量

　ここでマルクス学派において1つの問題が生じる。投資の先行性を認めるとしても上記の2と3が逆でなければならない，という問題である。なぜなら賃金は労働力の再生産費であり，短期においては所与である。そして労働力価値以上の労働すなわち剰余労働が，剰余価値＝利潤として資本家に搾取されることとなる。さらに，投資の先行性を認めないのであれば，上記は，1と2を入れ替えねばならないという問題になる。1つの解決方法は，Marglin（1984）に見られる，マルクスとケインズの統合である。これはいわゆる「コンフリクト理論」に基づく議論であり，資本家，労働者双方の要求が衝突し，結局は両者の中間，すなわち両者ともに不満足な状態で均衡するというものである。しかしマーグリンは，Bhaduri and Marglin（1990a）（1990b）において，現実の資本主義経済の状況によって利潤主導型と賃金主導型の2つの成長レジームが存在するという主張に転換している（レジームにかんしては後述）。

　賃金は，分配率が所与であれば利潤の決定とともに算定される。では，利潤はどのようなメカニズムで資本家の消費と投資から決定されるのであろうか。ここでカレツキは，ケインズが想定した利子率に規定される単純な投資関数で

---

18)　*Ibid.*, 訳81頁。

12

はなく，投資は期待される利潤率と危険遞増という概念に基づいて決定されると考えた。

「もしも短期での投資決意率を考えるのであれば，企業は投資計画を次のようなところまで，すなわち自らの製品に対する市場の制限のためか，あるいは「遞増する危険」および資本市場の制限のためかのいずれの理由によって，投資計画がもはや利益を生み出さなくなっているところまで推し進められている，と仮定することができる。」[19]

　危険遞増とは以下の概念である。すなわち，資本家は自らの蓄積基金を設備投資しても良いし貨幣形態で蓄蔵しても良い。設備投資が生産力を発揮するようになり期待される利潤をもたらせばその投資は成功だったことになるが，投資の段階では果たして期待された利潤をもたらすのかは未知数の部分が残されている。生産力を発揮した時の市場の状況は，投資の段階ではあくまで予想でしかなく現実にどのようになるのかはわからないからである。したがって，もし投資しなければ貨幣が残るが投資した場合には何らかのリスクを伴うこととなる。このリスクは，固定資本が巨大化し投資額が大きくなるにしたがって，より大きなものとなる。これをカレツキは危険遞増と名づけたのである。
　これをカレツキは以下のように定式化している[20]。

$$D = aS + b\frac{\Delta P}{\Delta t} - c\frac{\Delta K}{\Delta t} + d$$

ただし，D：投資決意率（単位時間当たりの固定資本投資決意額），S：粗貯蓄，P：粗利潤，K：固定資本ストック，d：長期的変化（技術進歩によって変化するので短期では一定），$a,\ b,\ c$：それぞれの感応係数

---

19)　*Ibid.*, 訳 111-112 頁。
20)　*Ibid.*, 訳 113 頁。ここで引用した 3 本の数式は，同書の 120 頁までに登場するものである。なお，浅田（1997）などでは D という記号の代わりに L という記号を用いている。

つまり，投資決意率は，貯蓄および利潤増加率の増加関数であり，固定資本規模増加率の減少関数である，ということになる。タイムラグを伴うため，実際の投資はτ期後に実現すると考えると，実際の投資率は，

$$F_{t+\tau} = aS_t + b\frac{\Delta P_t}{\Delta t} - c\frac{\Delta K_t}{\Delta t} + d$$

と表される。固定資本減耗率をδとすると，$\Delta K/\Delta t = F - \delta$なので，上式を変形し両辺を$1 + c$で割れば，

$$\frac{F_{t+\tau} + cF_t}{1+c} = \frac{a}{1+c}S_t + \frac{b}{1+c}\frac{\Delta P_t}{\Delta t} + \frac{c\delta + d}{1+c}$$

を得ることができる。

左辺は，$F_{t+\tau}$とF_tの加重平均である。右辺は，固定資本投資は経済水準によって規定されるSと利潤の増加率$\Delta P_t/\Delta t$に依存することを示している。これは，加速度原理では不十分であるという主張でもある。cは固定資本の増加率$\Delta K_t/\Delta t$の反応係数であるから，危険逓増による投資抑制効果を示している。

1-4　マーグリン＝バドゥリ・モデル

賃金上昇は，ミクロで見ればコスト増であるが，マクロで見れば消費需要を上昇させるため企業部門の投資を増大させる効果を持つ。後者すなわち有効需要の原理に着目し，賃金上昇が資本蓄積と成長をもたらす場合は賃金主導型レジームと呼ばれる。一方，労働者の貯蓄率よりも資本家の貯蓄率のほうが高い場合は，利潤主導型レジームとなる。Rowthorn（1981）はカレツキモデルを賃金主導型成長レジームの視点から発展させ，賃金上昇はより高い稼働率，より高い利潤率をもたらすとされてきた。これに対して，Bhaduri and Marglin（1990），Marglin and Bhaduri（1990）においては，より多様なレジームがあることが示され，以降，このモデルがカレツキアンの基本モデルとして定着している。

この時期（1980年頃）のケインジアンは，賃金上昇が有効需要の原理を通して経済を成長させるというケインズモデルの限界に直面していた。賃金爆発が利潤圧縮を引き起こし，その結果として経済停滞（あるいはスタグフレーション）

14

を招いているように見えたからである[21]。そこで，マーグリン＝バドゥリは，利潤分配率の動向が成長に与える影響は必ずしも単一ではないというモデルを高揚論，停滞論レジーム，そして，協調型，抗争型レジームを元に考察し，賃金主導型レジーム，利潤主導型レジームが成立する条件を明らかにした。

Marglin and Bhaduri（1990）に従って，このモデルを簡単に示すと以下の通りとなる[22]。

投資関数は，期待利潤率 r_e の増加関数であるが，期待利潤率は利潤シェア π と稼働率 z の関数であり，

$$g^i = i(r^e(\pi, z))$$

となる。労働者は貯蓄しないと想定すると，貯蓄関数は，

$$g^s = sr = s\pi z \bar{a}^{-1}$$

ただし，s：貯蓄率，r：利潤率，$\bar{a}$：完全稼働で測った資本／産出量比率となる。ここで z-π 平面上の IS 曲線を考えると，$g^i = g^s$ であるから，

$$i(r^e(\pi, z)) = s\pi z \bar{a}^{-1}$$

であり，投資関数における π と z の対する反応は，それぞれ，

$$i_\pi = \frac{di}{dr^e} \times \frac{\partial r^e}{\partial \pi}, \quad i_z = \frac{di}{dr^e} \times \frac{\partial r^e}{\partial z}$$

なので，

$$\frac{d\pi}{dz} = -\frac{s\pi \bar{a}^{-1} - i_z}{sz\bar{a}^{-1} - i_\pi}$$

---

21) スタグフレーションへのアプローチはマルクス学派にもさまざまな議論が存在するが本章ではこの問題は論じないこととする。

22) Bhaduri and Marglin（1990a）の1つの功績に，Kalecki モデルを開放経済に拡張したことが挙げられるが，本章では議論を単純化するために閉鎖経済モデルのみを取り上げている。なお，本章では取り上げなかったが，村上論文（本書第7章）にカレツキアンモデルを適用させるためには開放経済モデルが必要となる。

を得ることができる。

　したがって，分子と分母の正負の符号が同一であれば$z-\pi$平面上のIS曲線は右下がりとなり，正負が異なれば右上がりとなる。右下がりとなる場合は，利潤シェアπの低下が稼働率zを上昇させることとなり，これを停滞型論レジームと呼ぶ。逆にIS曲線が右上がりであれば高揚論レジームとされる。

　分子が正になるのは，稼働率に対して貯蓄の方が投資よりも感応的である場合である。これを，マーグリン＝バドゥリは「ケインジアン安定条件」と呼んでおり，教科書においては標準的だが，賃金と利潤の分配要因が投資と貯蓄に与える影響を捨象しているので，実際には正負は確定できないとしている。一方，分母が正になるのは，利潤シェアに対して貯蓄の方が投資よりも感応的である場合である。これを「ロビンソニアン安定条件」と呼んでおり，ケインジアン安定条件と強加速度効果条件（所与の利潤率の下で稼働率の上昇が期待利潤率を上昇させるというもの）の成立を仮定すれば，これは保証されるものとなる。この場合，IS曲線は右下がりとなるので，停滞論レジームとなる。

　その際，等利潤曲線の傾きがIS曲線の傾きよりも急であれば，PE曲線（生産の均衡）の右下へのシフトは，利潤シェアの低下と稼働率の上昇，そしてより高い利潤率と高い賃金をもたらすこととなる。これが停滞論－協調レジームと呼ばれるものである。逆に，IS曲線の負の傾きが等利潤曲線よりもさらに急な場合は，利潤シェアの低下を招くようなPE曲線のシフトに対して，稼働率は非弾力的となり利潤率も押し下げることとなる。これは停滞論－抗争レジームと呼ばれる。

　マーグリン＝バドゥリは，それまでのカレツキアンモデルが，賃金シェアの上昇が消費需要の増加をとおして高い稼働率を実現しその結果として高い利潤率をもたらすとのみ考えていたの対し[23]，IS曲線の傾きの正負によって高揚論・

---

23)　カレツキが賃金上昇が稼働率を改善させると考えたのは，1929 年からの世界恐慌において，高い失業率と賃金切り下げが不況をより深刻なものにしているという現実に直面していたからである。一方，バドゥリ，マーグリンが賃金上昇の作用の二面性を捉えたのは，本文で記したとおり 1970 年代の賃金爆発とコストプッシュインフレに直面していたからである。賃金上昇がどのように作用するのかはその時々の歴

停滞論があり，さらに弾力性に応じて協調・抗争がある，つまり4通りのレジームがあることを示したのである。

これより，停滞論的であるときは賃金主導型レジームにあると考えられるが，停滞論－協調レジームにあるときにカレツキアンモデルが当てはまることとなり，賃金シェアを上昇させることが利潤率上昇および経済成長につながるので，これは賃金主導型成長レジームと呼ばれている。

2. 長期停滞へのカレツキアンモデルの適用
　　──佐藤拓也氏の見解をもとに──

冒頭に述べたように，長期停滞へのアプローチはさまざまな視点が存在している。本章では，Sato（2022）における佐藤の見解を基に，カレツキアンモデルの適用可能性について考察するが，これは，脚注1で触れた通り，当初本書に佐藤論文が掲載される予定だったためであり，他の論者の見解には適用できないという意味ではない。

佐藤の論理は，生産的労働と不生産的労働に分離した上で，独占資本主義論と利潤率の傾向的低落法則というマルクス学派の理論に基づいて長期停滞を論じている。

まずはSato（2022）の構図を簡単に整理しておこう。同稿では1960年代から2020年までの非金融部門の利潤率，剰余分配率（GDPに占める剰余価値の割合），稼働率，資本の有機的構成，価値構成，資本蓄積率，実質賃金率の動向を示し，投資抑制が2つの経路を持って利潤率を上昇させると結論している。この2つの経路自体は，利潤率を剰余価値率と資本の有機的構成に分解して考察するという，オーソドックスなマル経の分析手法と同一である[24]。

───────────

　　史的状況に規定されており，これはモデルや純粋理論だけでは説明することができない。これはマルクス学派においても同様であり，制度学派や進化経済学の成果の積極的な導入が試みられている（例えば，石倉（2012））。一方，ポスト・ケインジアンの側からこれらの成果の導入を試みたものとして，西（2014）を挙げることができる。

24)　マルクスは『資本論』第3巻第13〜15章において，利潤率が傾向的に低落する原

第 1 章　長期停滞論へのカレツキアンモデルの適用可能性　17

図 1-1

投資抑制 → 雇用の低成長 → 実質賃金率低下 → 剰余価値率上昇 → 利潤率上昇

資本の有機的構成の低下あるいは高度化の抑制

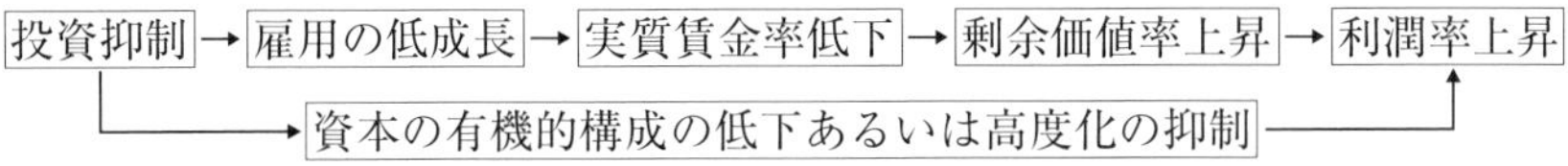

（出所）Sato（2022），p. 32，図 11

数式においては，以下のように表される[25]。

$$r = \frac{S}{K} = \frac{S/N}{K/N}$$

r：利潤率，S：剰余価値，K：固定資本，N：生きた労働

因として資本の有機的構成の上昇を挙げ，反作用として剰余価値率の上昇を挙げている。マル経のテキストでは通常次のように表される。

$$r = \frac{S}{C+V} = \frac{S/V}{C/V+1}$$

ただし，C：不変資本，V：可変資本，S：剰余価値

この式から，ただちに資本の有機的構成（C/V）の上昇は利潤率を低下させ，剰余価値率（S/V）はこれを上昇させることが分かる。ただし，佐藤は有機的構成に C/N を用いている。N は生きた労働であり，マル経では価値増殖の源泉を労働だけに求めるので，$N = V + S$ である（これは置塩信雄が多用した方法でもある）。したがって，利潤率の式は以下のように変更される。

$$r = \frac{S}{C+V} = \frac{S}{C+(V+S)-S} = \frac{S/N}{C/N+1-S/N}$$

S/N は剰余分配率であり，利潤率決定要因の分子と分母に登場しており，利潤率決定要因として重要な役割を果たしていることとなる。当然 $S/N<1$ なので，分母が負になることはない。また，C/N を c，S/N を s とすると，上記の式は，

$$r = \frac{s}{c+1-s}$$

$$\frac{\partial r}{\partial s} = \frac{c+1}{(c+1-s)^2} > 0$$

なので，剰余分配率の上昇は利潤率を上昇させる原因となることがわかるが，c の値が大きいほど，つまり資本の有機的構成が上昇すればするほど剰余分配率上昇が利潤率上昇に与える影響が小さくなることも同時にわかる。また，N は生きた労働なので，生産的労働，不生産的労働を区別しなければ N は定義によって GDP と等しくなる。

25）　Sato（2022），p. 9.

18

マルクス本来の概念では，資本の有機的構成は C/V であるが，置塩以来 C/N とする手法が広がっている。また，利潤率も本来は $S/(C+V)$ であるが，ここでは C を K（C は不変資本を表すが，不変流動資本は考慮せず固定資本のみを不変資本と考えている）とした上で，S/K と考えている[26]。

マルクス学派においては，付加価値はすべて生きた労働の産物であるから，N は付加価値総額と考えてもよい。右辺の分子は剰余分配率，分母は資本の有機的構成である。投資は，

$$I = \Delta K + \delta K$$

δ：減価償却率

であるが，簡単化のために減価償却を無視すると，先の式は以下のように時間単位で表すことができる。

$$r_t = \frac{S_t}{K_{t-1} + \Delta K_t} = \frac{S_t \big/ (N_{t-1} + \Delta N_t)}{(K_{t-1} + \Delta K_t) \big/ (N_{t-1} + \Delta N_t)}$$

まずは ΔK の低迷が起こるので，この効果だけを見れば，資本の有機的構成の高度化の抑制として働くので，そのまま利潤率の上昇に結びつく。しかし，投資抑制は雇用量の抑制を引き起こすので ΔN が抑制されることとなる。したがって，この効果により分母の変化は不明となる。一方，分子の剰余分配率は上昇するので，これは利潤率上昇圧力となる。すべてを総合すると，利潤率が上昇するためには，剰余分配率上昇の効果を打ち消すほどの資本の有機的構成の高度化が起こらない，という条件が必要となる。

では，Sato（2022）ではどのような投資関数が想定されているのだろうか。ここでは，投資抑制は有効需要の制約による投資需要の低下ではなく，むしろ期待利潤率の低下が資本家の投資意欲の減退を招き，この供給側の制限が有効

26）　Sato（2022）においては C の記号がそのまま使用されているが，本章では固定資本ストックを表すため，あえて K の記号を使用している。

需要の制約につながると考えられている[27]。一方で，設備稼働率に対する投資の感応も小さいと想定している[28]。マーグリン＝バドゥリの定式に当てはめれば，ケインジアン安定条件，ロビンソニアン安定条件ともに満たしていると考えられるので，*IS* 曲線は右下がりとなる。

　ここから，現在の日本経済は賃金主導型レジームにあると結論することができる。ただし，*IS* 曲線の傾きが右下がりというだけで，傾きの緩急や等利潤曲線の傾きとの差までは結論付けられない。したがって，抗争型，協調型のどちらにあるのかは保留することとなり，賃金分配率の上昇が生産や雇用にプラスの影響を与えるであろうということはできるが，利潤率や経済成長に与える影響までは確定できない。

　お わ り に

　本章では佐藤の主張のみを取り上げたが，これは紙面の制約であり，決して他の論者の主張がモデルを当てはめるのに適していないわけではない[29]。とりわけポスト・ケインジアンモデルは，限界生産力原理を使用せずに所得分配についての一貫した理論を提供しており，しかも階級関係をモデルに組み込んで

---

27) 「ある面では，投資抑制は，増大する剰余における吸収の問題および不十分な有効需要として現れる。しかし，増大する剰余を投資が吸収しきれないということは，期待収益率の低下を意味している。資本家が不変資本と可変資本から適切な利潤率を生みだすことも稼ぐこともできないという制約下では，投資に対する資本家の態度は消極的になり，それが需要側の問題につながるのである。」(Sato 2022, p. 26)。

28) 「資本家は，より高い収益率を確保するため，投資を増やすのではなく，設備稼働率を上げることを選択する傾向にある。」(Sato 2022, p.26) と考えており，2000 年代に設備稼働率が上がったにもかかわらず投資が増えなかったとしている。

29) 今回，カレツキアンモデルを取り上げたのは，本文で言及した通り，マルクス学派の基本的枠組みと合致する点が多いからである。その意味において，他の論者の主張に当てはめることは比較的容易である。一方，ソロー＝スワン型の新古典派成長モデルは取り上げなかった。これは，新古典派型のモデルは限界概念を使用しているため，労働価値説と根本的に相容れないからである。もちろん，労働価値説の意義をマルクス基本定理のような剰余価値と利潤の符号の同値関係のみで評価するのであれば，限界概念の導入も可能である。大西（2020）では，限界生産力だけでなく，逓減する限界効用を前提とした「マルクス派最適成長モデル」が提起されている。

いる。これらは，あくまでモデルなので，それ自体が何か積極的な主張を持つわけではないが，さまざまな理論に当てはめることで，その理論の正当性を証明したり，こぼれ落ちていることを明らかにしたりすることができる。

　本章の分析においては，現在の日本経済が賃金主導型レジームにあることを明らかにしたが，同時に，投資が利潤率に感応しない現代資本主義の資本蓄積構造は，新自由主義的政策の下にあってもなお独占資本主義の理論が貫徹していることをも示している。Sato（2022）においても，大規模な独占資本家のみが稼働率に応じた投資抑制戦略をとることができることが強調されている。マルクス学派の独占資本主義論は単なる独占価格論とは異なり，巨大独占資本が資本蓄積構造自体を変容させる（時には資本蓄積を促進するために国家が不可欠な役割を果たす国家独占資本主義論が主張される）という視点を持っている[30]。

　一方，本章の分析には不十分な点も多々ある。本章ではマーグリン＝バドゥ

---

30)　例えば，置塩・鶴田・米田（1988）では，「独占資本は独占価格を設定して独占利潤を取得し，自分の独占的地位を維持・強化するためにさまざまな支配・強制力を行使する。とくに独占資本がコンツェルンの形態をとったときには，独占価格だけではなく，多くの金融的術策や投機を通じても独占利潤を取得する。」（171 頁）と述べている。また，屋嘉（2003）では，ケインズの独占資本主義論の欠如を次のように表現している。「ケインズの主張は，一面で新古典派の観念的な市場万能主義を批判して，労働者階級の失業と貧困が労働者個人の責任によるものではなく，有効需要の不足による不完全雇用均衡の発生という社会的な原因に根ざすものであり，社会的救済を必要とすることを認めた点で現実的であった。しかし，反面，20 世紀にはいって顕著な現象となった巨大企業・独占企業の経済支配を十分に評価しなかったという弱点をもつ。20 世紀にはいって，恐慌が深刻なものになり不況が長期化したのは，この独占資本の支配が根底にある。」（279-280 頁）。「ケインズは，景気回復のために政府の政策的介入が必要であることを主張したが，独占資本のこうした特質を問題にしなかったため，利子率の引き下げによる民間投資の再開を中心にすえる政策を前面に押し出した。しかし，不況時において，過剰生産能力をかかえた独占資本にとっては，利子率の引き下げ以上に，なによりも直接的な需要拡大が必要なのである。実際のケインズ的経済政策の中心は財政による公共投資，それも独占資本を救済するような公共投資にならざるをえない。しかし独占資本のかかえる過剰生産能力が膨大になればなるほど公共投資の景気回復効果すなわち投資誘発効果はうすれていく。つまり，公共投資のための政府支出が独占価格の維持・上昇に吸収され，あるいは雇用拡大をともなわないかたちで設備の稼働率を引き上げることに吸収されるならば，その分だけ実質的な雇用誘発効果は減殺される。」（280-281 頁）。

リの基本モデルのみを取り上げたが，レジーム分析はさらなる精緻化と発展を遂げている。中谷（2010）では，停滞論・高揚論，賃金主導型・利潤主導型，といった混乱しやすい用語の意味することがわかりやすく整理されている。Rowthorn（1981）における直接労働，間接労働の区別[31]を正規雇用，非正規雇用の区別に読み替えてモデル化した佐々木（2010），西（2014）もマルクス学派として検討すべき対象である。マルクス学派の階級分析は，資本家と労働者の二大階級（あるいは地主を加えた三大階級）で行われることが多いが，現在は非正規雇用が 40% 近くまで上昇しており，労働者として一括りにするわけにはいかないであろう。

　これらは残された課題としたい。

参 考 文 献

東浩一郎（2006）「欧米マルクス学派の実証分析にかんする一考察―実証分析の理論的背景―」（『東京立正短期大学紀要』第 34 号）

浅田統一郎（1997）『成長と循環のマクロ動学』日本経済評論社

浅野栄一（1988）『現代の経済学』中央経済社

飯田和人（2017）『価値と資本』桜井書店

石倉雅男（2012）『貨幣経済と資本蓄積の理論』大月書店

鱸澤晃三（1990）『均衡と不均衡の経済学』高文堂出版社

植村博恭・磯谷明徳・海老塚明（2007）『新版　社会経済システムの制度分析』名古屋大学出版会

大西広（2020）『マルクス経済学（第 3 版）』慶應義塾大学出版会

置塩信雄（1987）『マルクス経済学 II ―資本蓄積の理論』筑摩書房

置塩信雄・伊藤誠（1987）『経済理論と現代資本主義』岩波書店

置塩信雄・鶴田満彦・米田康彦（1988）『経済学』大月書店

菊本義治・佐藤真人・中谷武・佐藤良一（1999）『マクロ経済学』勁草書房

佐々木啓明（2010）「正規労働・非正規労働を考慮したカレツキアン・モデル」（『經濟論叢』（京都大学経済学会）第 184 号）

塩沢由典（2002）『マルクスの遺産』藤原書店

塩沢由典・有賀裕二編著（2014）『経済学を再建する』中央大学出版部

中谷武（2010）「ポスト・ケインズ派経済学の現代的意義」（『経済理論』第 46 巻第

31）　ローソンの直接労働，間接労働の区別は，マルクスのそれとは異なっている。稼働率にかかわらず言わば固定費としての労働を直接労働，稼働率に応じて必要となる言わば可変費としての労働を間接労働と呼んでいる。

4号）

鍋島直樹（2001）『ケインズとカレツキ：ポスト・ケインズ派経済学の源泉』名古屋大学出版会

鍋島直樹（2017）『ポスト・ケインズ派経済学』名古屋大学出版会

西洋（2014）『所得分配・金融・経済成長　資本主義経済の理論と実証』日本経済評論社

野口真（1990）『現代資本主義と有効需要の理論』社会評論社

前原ひとみ（2023）「『利潤率の傾向的低下法則』の理論的・実証的研究─現代資本主義における実証分析を展望して─」（博士論文（中央大学））

松尾匡（1997）『セイ法則体系』九州大学出版会

松尾匡編著（2021）『最強のマルクス経済学講義』ナカニシヤ出版

屋嘉宗彦（2003）『マルクス経済学と近代経済学』青木書店

吉原直毅（2008）『労働搾取の厚生理論序説』岩波書店

Bhaduri, A. and S. Marglin（1990）, "Unemployment and the real wage: The economic basis for contesting political ideologies", *Cambridge Journal of Economics*, 14(4)

Foley, D. and T.M. Michl（1999）, *Growth and Distribution*, Harvard University Press.（D. フォーリー・T.R. マイケル（2002）佐藤良一・笠松学監訳『成長と分配』日本経済評論社）

Hamouda, O.F. and G.C. Harcourt（1989）, "Post-Keynesianism: From Criticism to Coherence?", *New Directions in Post-Keynesian Economics*, Edward Elgar

Kalecki, M.（1954）, *Theory of Economic Dynamics, An Essay on Cyclical and Long-Run Changes in Capitalist Economy*, George Allen and Unwin Ltd.（宮崎義一・伊藤光晴訳（1958）『経済変動の理論』新評論）

Kalecki, M.（1971）, *Selected Essays on the Dynamics of the Capitalist Economy 1933-1970*, Cambridge University Press（浅田統一郎・間宮陽介訳（1984）『資本主義経済の動態理論』日本経済評論社）

Kriesler, P.（1987）, *Kalecki's microanalysis: the development of Kalecki's analysis of pricing and distribution*, Cambridge University Press（金尾敏寛・松谷泰樹訳（2000）『カレツキと現代経済』日本経済評論社）

Lavoie, M.（1992）, *Foundations of Post-Keynesian Economic Analysis*, Edward Elgar

Marglin, S.（1984）, *Growth, Distribution and Prices*, Harvard University Press

Marglin, S. and A. Bhaduri（1990）, "Profit Squeeze and Keynesian Theory", *The Golden Age of Capitalism*, Oxford: Clarendon Press（磯谷明徳・植村博恭・海老塚明監訳（1993）『資本主義の黄金時代 ─マルクスとケインズを超えて』（第4章）東洋経済新報社）

Marx, K.（1867）（1885, 1894）, *Das Kapital*（社会科学研究所監修（1982）『資本論』新日本出版）

Moseley, F. ed.（2005）, *Marx's Theory of Money*, Macmillan

Potts, N. and A. Kliman ed.（2015）, *Is Marx's Theory of Profit Right?*, Lexington Books

Rowthorn, R.（1981）, Demand, Real Wages and Economic Growth", *Thames Papers in Political Economy*, Autumn（横川信治・野口真・植村博恭訳（1994）『構造変化と

資本主義経済の調整』学文社）

Sato, T.（2022）, "Japan's Secular Stagnation, Marx's Law of the Tendency of the Rate of Profit to Fall, and the Theory of Monopoly Capitalism", *Historical Materialism*

Sraffa, P.（1960）, Production of Commodities by Means of Commodities（菱山泉・山下博訳（1962）『商品による商品の生産』京都大学総合経済研究所叢書）

Steedman, I.（1977）, *Marx after Sraffa*, NLB

第 2 章

マルクス経済学から見た生産関数の検討

平　野　　健

は じ め に

　本章の課題は，主流派経済学で用いられる生産関数をマルクス経済学ではどのように考えるべきかを検討することにある。このような課題を設定する背景には平野（2021a）（2021b）がある。

　平野（2021b）は，マルクスの『資本論』を理論の基礎に持ちながらマクロ経済統計を用いてマクロ経済の動向を分析する方法を模索するものである。それは単にマクロ経済統計の仕組みを知るだけでは十分ではない。例えば「GDPはどのように決定されるのか」のように，『資本論』のなかでは説明されていないが，マクロ経済統計を用いて経済動態を分析するならば明らかにしておかねばならない問いについて，『資本論』の内容に整合的に解いておくことが必要となる。そういう問いのなかには「生産資本（生産要素）の追加と生産能力の拡張との間にどのような規則性があるのか」というものも含まれる。また平野（2021a）は，やはりマクロ経済統計を利用しながら，労働生産性上昇の部門間格差（製造業が高く，サービス業が低い）が産業構造再編を導き，それが経済成長率の長期低落傾向（高度成長，低成長，長期停滞）を推し進めてきたことを示した。ここでもやはり同じ問いが浮き上がってくる。これは主流派経済学で言うところの生産関数を問い直すことである。

しかしながら，実は生産関数は主流派のマクロ経済学においても言わば「鬼門」であり，容易には解決できない問題群を抱えている。当然のことながらマルクス派であっても容易に解答に到達できるわけではない。本章では検討すべき論点を3つ取り上げ，それぞれ検討の内容を簡潔に紹介した上で，「おわりに」で3者の相互関係とそこから導ける含意を考えることにする。

取り上げる論点は次の3つである。第1に，主流派経済学のなかで中心的な役割を果たしてきたコブ＝ダグラス型生産関数をめぐる論争を概観し，それがマクロ経済統計での固定資本の計測にどのような影響を与えているかを見る。これは統計データの取り扱い方を考えるためにも必要な考察である。第2に，工場の生産システム，そこでの生産管理と原価管理について概観し，その特質を考える。通常，集計的生産関数と技術的生産関数は別物であるとされているが，それでもやはり生産の技術的特徴を把握しておくことは生産関数を考える上での前提作業であろう。第3に，アメリカ商務省のマクロ経済統計（NIPAと Fixed Asset Accounts）を用いて生産量，固定資本量，労働者数の間の規則的な関係，および使用している固定資本の種類についての産業部門ごとの特徴を概観する。

1. 生産関数と固定資本の計測問題

1-1 主流派経済学とコブ＝ダグラス型生産関数

（1） コブ＝ダグラス型生産関数

生産関数は生産量 Y を生産要素量の技術的関係を表するもので，一般には生産技術 A を与件として生産量 Y を固定資本 K と労働 L の関数として Y = F (K, L; A) という具合に表現する。代表的な関数形式としてレオンチェフ型生産関数，コブ＝ダグラス型生産関数，CES 型生産関数などがあり，それぞれの特徴は表 2-1 に整理したようになる。

CES 型生産関数はパラメータ ρ によってさまざまなタイプの生産関数に変身しうるように設計されているのに対し，レオンチェフ型とコブ＝ダグラス型は特定の生産技術を想定した生産関数である。

表 2-1　代表的生産関数の式と特徴

レオンチェフ型生産関数	$Y=min(aK, bL)$
固定資本 K と労働 L とが固定的な量的関係で結合する技術を想定。	
コブ＝ダグラス型生産関数	$Y=AK^a L^\beta$
「要素価格＝要素の限界生産力」説と「規模に関する収穫一定」（1 次同次。$a+\beta=1$）とを仮定すると，完全競争市場の下では両生産要素は生産への貢献に応じて生産物を分配し合うことになる。	
CES（Constant Elasticity of Substitution）型生産関数	$Y=(a_K K^\rho + a_L L^\rho)^{\frac{1}{\rho}}$
生産要素間の代替の弾力性（定数 ρ）の値によって線形生産関数，コブ＝ダグラス型生産関数，レオンチェフ型生産関数になるように設計されている。	

（出所）筆者作成

　レオンチェフ型は製造業の工場にある機械のように固定資本 K と労働 L とが固定的な量的関係（例えば機械 1 台につき労働者 2 人など）で結合することを想定しており，生産量はその量のより少ないほうの生産要素がボトルネックとなってその量に制約されると考えている。これでは両生産要素が価格変化を通じて量的に調整されないため新古典派としては使い勝手が悪い。

　これに対してコブ＝ダグラス型生産関数は，生産要素 K と L の肩に付けられている冪数（a，β）が両生産要素の限界生産力の比，したがって生産に対する貢献のウエイトを表しているが，新古典派の想定に従えば，これは両者の価格（報酬）比でもある。その結果，「規模に関して収穫一定」（1 次同次。$a+\beta=1$）の下では，資本と労働は生産に対する貢献に応じて生産物をきれいに分配し合うことになる。これは新古典派の経済観と一致する。

　(2)　ソロー成長モデル

　コブ＝ダグラス型生産関数が新古典派理論にとって便利であることを鮮明に示した例がソロー成長モデルである。Solow（1956）はコブ＝ダグラス型生産関数をベースに次のような経済成長モデルを作った。

　すなわち，新古典派的な仮定（完全競争市場による財市場と労働市場で均衡実現。要素価格＝要素の限界生産力。限界生産力逓減。規模に関して収穫一定）を置くなら，財市場の均衡条件（投資 I ＝貯蓄 S ＝ sY）を満たす経済成長率「保証成長率」は sF(r, 1)/r となり（労働者 1 人当たり固定資本 K/L を r とする），他方で労働市場の均

衡条件（人口成長率 n が経済成長率と等しい）を満たす経済成長率「自然成長率」は n となる。ここで「保証成長率 sF(r, 1)/r」と「自然成長率 n」とが一致する状態を「均斉成長」と呼ぶなら，固定資本と労働が相対価格の変化に応じて機敏に代替される関係があるとすれば現実の経済成長率は「均斉成長」に落ち着くし，いったん「均斉成長」になるとここから外れる動機は存在しないことを導ける。またここでは生産物は資本と労働にそれぞれの生産貢献に応じてきれいに分配される（図 2-1 参照）。

要約すれば，新古典派の仮定を置けば，「人口と技術の変化に応じて固定資本も労働も過不足なく完全活用する均斉成長」と「貢献に応じた公正な分配」という結果を導ける点でコブ＝ダグラス型生産関数は新古典派にとって都合がよかったのである。しかし，それだけではなく，ソロー成長モデルのこの結論は，経済成長に見られる長期的な経験的規則性，いわゆる「定型化された事実 Stylized facts」（Kaldor 1961）との当てはまりも良く，現実の説明力が高いとされた。

(3) ソロー以後（ラムゼイ・モデル，RBC モデル，DSGE モデル）

こうして 1960 年代にソロー成長モデルが新古典派成長理論の座につき，その後しばらくはこのモデルの実証研究が活発化したが，1980 年代後半になると 2 つの面から成長モデルの拡張が進められた。

図 2-1　ソロー成長モデルにおける「均斉成長」r*

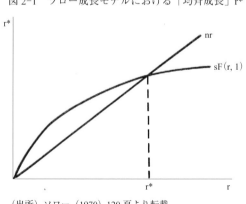

（出所）ソロー（1970），120 頁より転載

1つは，技術（知識）の進歩を外生変数とせず内生的に取り扱おうとするもので，ポール・ローマーやロバート・ルーカスなどによる「新成長理論」である。もう1つは，資本蓄積を規制する貯蓄率を家計の効用最大化から基礎づけようとするもので，その代表的なものがラムゼイ・モデル（生産物を消費と貯蓄に分割し，消費効用の長期にわたる最大化を追求する代表的個人のモデル）であり，その発展形としてのリアルビジネス・サイクル・モデル（RBCモデル。労働供給を通じて労働報酬による効用と余暇による効用との長期にわたる最大化を追求する代表的個人のモデル）である。ここからさらに財市場，資本市場，労働市場のいずれかで市場の不完全性を盛り込むことでニューケインズ派の「動学的確率的一般均衡モデル（DSGEモデル）」が導かれる。これら現代マクロ経済学の主流派の諸モデルのなかで生産関数として用いられているのは，やはりコブ＝ダグラス型生産関数である[1]。主流派経済学ではコブ＝ダグラス型生産関数が中心的存在だと言って間違いない。

1-2　2つの批判とそれへの反応

（1）　シャイクの批判

コブ＝ダグラス型生産関数にはShaikh（1974）による強力な批判がある。コブ＝ダグラス型生産関数が「要素分配率の安定性という現実によく当てはまる」と評価されたが，シャイクによれば，これはただ単に「総生産額≡賃金総額＋利潤総額」という会計恒等式に「賃金総額は生産に対する労働の貢献を，利潤総額は生産に対する固定資本の貢献を意味している」という解釈を付け加えた結果にすぎないのであり，コブ＝ダグラス型生産関数の技術的理解が正しかったことを意味するものではない。

シャイクの批判は次のように言い換えることもできる。まず（A）生産関数が描きたい生産技術の関係は「総生産物＝資本の生産貢献＋労働の生産貢献」である。他方，（B）会計恒等式として「生産総額≡利潤総額＋賃金総額」が常

---

1)　脇田（1998），加藤（2007），ローマー（2010）を参照。

に成立している。ここで，①「規模に関する収穫一定」（1次同次の関数式），②「中立的な技術変化」（①の関係が変化しない），③「限界生産力説」（固定資本と労働の報酬はそれぞれの限界生産力に等しくなる）の3つの仮定を置けば，この（A）と（B）は同じ事態の裏表の関係になる。その結果，「要素分配率の安定性」という現実が「定型化された事実」として確認できさえすれば，そのような事実はコブ＝ダグラス型生産関係と必ず一致するのである。その上で彼は投入‐産出データが「HUMBUG」の形をプロットするような経済を想定し，このような架空の経済でもなおコブ＝ダグラス型生産関数の当てはまりが良いことを示した。

(2) ケンブリッジ資本論争での批判とその後

コブ＝ダグラス型生産関数に対するもう1つの批判は，いわゆるケンブリッジ資本論争のなかで出された。この論争は1950年代後半から1970年頃にかけて行われたイギリスのポスト・ケインズ派とアメリカの新古典派総合との間で行われた論争で，ここでは集計的資本をめぐって議論がなされた。ポスト・ケインズ派がつきつけた批判は次の3点であると言われる[2]。

第1は集計問題。固定資本は多様な質を持った生産手段の集合体であるが，これを1つの値で表現することができるのかという問題である。新古典派総合は実際には総価格（価値額）で固定資本の大きさを計測しており，かつその価値額をもって固定資本の生産力の代理変数とみなしている。

第2は技術体化の問題。コブ＝ダグラス型生産関数では固定資本Kと労働Lと生産技術Aをそれぞれ独立の存在として扱っているが，実際には生産技術は固定資本のなかに組み込まれているし，多くの場合，建設された時期（vintage）が新しくなるほど高い技術が用いられ，資本装備率（労働者1人当たりの固定資本の規模K/L）は高まっていく傾向にある。

第3は二重転換（リスイッチング）の問題。新古典派によれば利潤率（固定資本の価格）が下落（あるいは実質賃金率が上昇）すれば資本集約的な生産技術へと

---

2) ハーコート（1980），キング（2021），カルドア・パシネッティ・サミュエルソン
＝モディリアニ・ロビンソン・ソロー（1982）を参照。

移行（資本装備率が上昇）するとされるが，固定資本が異質の財の集合体であれ
ば，そのような移行が起きた後に再び労働集約的な生産技術への再転換（リスイッ
チング）が起きうるという論点である。

(3) 批判に対する新古典派の反応

　この論争のなかでソローは第2の批判に関しては次のような反応を示してい
る。ソロー（2000）では，自分の成長モデルには弱点があったと認めて次のよ
うな新モデルを検討してみようと言う。すなわち，1種類の資本（同質性）。建
設年によって体化している技術が異なり，新しい資本ほど労働生産性が高い。
体化した技術によって資本と労働の比率は固定的。資本は物理的劣化はしない
が経済的陳腐化は起きる。賃金は労働の限界生産物で，使用されている最も古
い設備の生産物がそれにあたる。

　こうした想定の上で検討を進め，固定資本と労働の比率は技術年代ごとに固
定的なので機敏に変化することはないが，固定資本の経済的陳腐化という長い
時間をかけて調節され，最終的には恒常状態に落ち着く。こう結論づけた上で，
調整のスピードの違いはあれど旧モデルと同じ結果になった，私の良心は癒や
され，今後も安心して旧モデルを使うことにする，と宣言している。

　その一方で，新古典派の立場から生産関数や全要素生産性（TFP）の計測を
行おうとする実証研究からは以上のような批判を部分的に受け入れながらより
合理的な計測方法を探求しようとする動きが現れた。名目値から実質値への変
更，固定資本ストックから固定資本の用役（サービス・フロー）への変更，サー
ビス価格の測定などがそれであり，今日のマクロ経済統計は彼ら（Dale
Jorgenson, Robert Hall, Zvi Griliches, Charles Huten, Hrwin Diewertなど）の貢献の上に立っ
ている[3]。以下で，今日のマクロ経済統計の固定資本計測方法の要点を整理し
ておこう。

---

3) 野村（2004）を参照。

32

1-3　SNA と BEA の資本計測マニュアル

(1)　SNA の固定資本測定法

SNA（System of National Accounts）は 1993 年に 25 年ぶりの改定がなされたが，そこでは固定資本ストックの測定問題が課題として残ったためタスクフォースがつくられて検討を継続した。その成果が 2008 年の改定の際に取り入れられた。2008SNA での大きな変更は 2 つあり，1 つは「知的財産物」という概念の導入であり，もう 1 つは「資本サービス」という概念の導入である。ここでは後者に焦点を当てる[4]。

後者の変更の背後には，生産要素として生産過程に投入されるのは資本ストックではなく，その資本ストックがもたらす用役，「資本サービス」であるという理解がある[5]。しかし，これを直接観察することはできない。そこで「競争市場では固定資本の市場価格はその資本が将来にわたってもたらす収益の現在割引価値と一致する」という新古典派の想定に基づき，また「収益は資本サービスを価値額で計測したもの」とみなすことで，固定資本の市場価格（中古価格）を資本サービス量の代理変数とすることにしたのである。

このような考え方に沿って固定資本は次の手順で計測される。まず①「恒久棚卸法 Perpetual Inventory Method」によって「粗固定資本ストック Gross capital stock」を計測する。すなわち年々の設備投資を累積し，そこから耐用年数に達した固定資本を除去する方法である。② この粗固定資本ストックは年齢を経るなかで，物理的劣化，経済的陳腐化，偶発的事故などの影響により固定資本減耗を受ける。この減価パターンについては，可能な限り経験的データ収集し，そのようなデータがない場合はモデル・パターンを設定して推計する[6]。この減価パターンを「年齢－価格プロファイル Age-price profile（経年による資本ストック価格の変化）」と呼び，減価した結果が「純固定資本ストック Net

---

4)　以下，シュライアー（2009），野村（2004），（2010），内閣府（2005）を参照。

5)　Jorgenson and Griiches（1967）は資本の異質性を考慮に入れた集計的資本サービスの測定方法を最初に提起した。各資本のサービスフローを個別に定義し，各資本の使用者費用をウエイトにして集計する。

6)　どのようなパターンを採用するかは国・機関によって異なり，恣意的なものになる。

capital stock」となる。③新古典派的理解に従えば「年齢－価格プロファイル」は「年齢－効率性プロファイル Age-efficiency profile（経年による資本ストックのサービス能力量の変化）」の反映である。両者が同一である場合は「純固定資本ストック」の価値額は固定資本が提供するサービス量と比例するはずである。そのサービスを提供する資本ストックを「生産的固定資本ストック Productive capital stock」と呼ぶことにする。以上の内容は図2-2のようにまとめられる。

なお，石渡（2003）によると，『OECD生産性測定マニュアル』の「序文」の最後にある「本レポートは，OECD事務総長の責任において公表する」という一文は，SNA1993以後3回のタスクフォース会議を経てもなお，概念上の議論が完全な一致を得ることはできなかったことを示しているという。これは，すなわち，ケンブリッジ資本論争以来の論点に未だに結論が出ていないことを意味している。

図2-2 資本ストックと資本サービスの概念

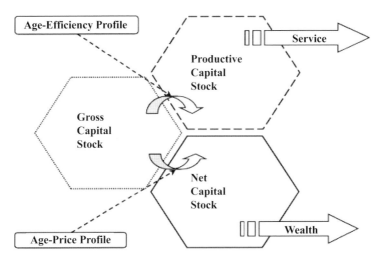

（出所）野村（2010），84頁より転載

34

⑵　U.S.DOC, BEA の固定資本測定法

　アメリカ商務省経済分析局（US.DOC, BEA）は SNA に先行して 1997 年に資本ストック推計の方法を改訂している。BEA の方法は 2008SNA とほぼ同じだが独自な部分もある[7]。その要点は次のようになる。

　まず恒久棚卸法によって粗固定資本ストックを測定する。それらのデータ情報は事業所レベルで収集される原価情報である。名目値にデフレータをかけて物価変動の影響を消去した実質値を出し，これを物理量の代理変数とする。また固定資本の個々の機械・設備などの品質・性能の変化についても品種に応じてさまざまな方法を使い分けて価格に反映させる。固定資本の耐用年数も可能な限り現実の経験的事実に基づくように努めている。

　ここから固定資本減耗を差し引くことで純固定資本ストックを推計するのだが，BEA では可能な限り中古市場で観察される資産価格をもとにして減価償却のパターンを作成する。自動車，トラック，トラクター，建設機械，産業用機械，コンピュータ，工業用ビル，商業用ビルなどは中古市場が発達しており，中古市場価格が観察可能である。市場はないが調査機関や研究者による実証研究のデータがあるものはそれを利用する。そうした情報もない固定資本については幾何級数的減価パターンをモデルとして採用する。

1-4　小　　　括

　さまざまな批判を受けてもなおコブ＝ダグラス型生産関数が主流派経済学の主力生産関数である。取り上げられてきた論点は次のようになる。① 異質な財の集合である集計的固定資本の大きさをどのように推計するか。② 生産要素の代替性。短期で機敏に調整されるのか，設備の設置と廃棄を通じてゆっくり調整されるのか。③ 技術が体化している固定資本のストックとその用役との関係。これは技術水準が固定資本の製造年代 vintage によって変化する問題と，その設備が使用年齢 age によって劣化・陳腐化する問題とに分けられ，こ

　7）　US.DOC, BEA（2003）参照。

れらの変化を固定資本ストックの量（特に価格）にどう反映させたらいいのか。

　そうした状態にあることをふまえてマクロ経済統計の利用法について，当面，次のように考える。

　第1の異質な固定資本の集計方法について。これまでのところ，個々の機械・設備をその価格をウエイトとして合算し，デフレータによって価格変動を除去して実質値を推計し，それを粗資本ストックの物理量の代理変数とみなす以外に方法はない。

　この方法の弱点は，① 価格と物量（その用役）は無関係であり（例えばオフィスビルの価格やコンピュータの価格は両者の物理的量や生産への貢献量とは決して比例的ではない），価格をウエイトにして合算することは恣意的である。② 異質財の構成が不変ですべてが比例的に増減すれば実質価格の増減は物理量の増減に対応するであろうが，実質価格の側からは構成が変化しているか否かは判断できない。こうした弱点は致命的なように思われるが，これは固定資本に限らずすべての財の集計に当てはまる問題であり，マクロ経済統計にとって全般的な問題である。

　第2の生産要素の代替性について。ソロー（2000）が主張したように，極めてゆっくりとしたスピードであれば価格の影響を受けた調整がなされていると言いうる。とはいえ，このような主張をするのであれば，その調整がどれぐらいのスピードで進むものであるかの計測も行い，それより短期の分析か長期の分析かに応じて生産関数を使い分けるなどの対応が求められるだろう。

　第3の固定資本減耗（純固定資本ストック）の計測について。現在のマクロ経済統計では，製造年代による性能・品質の向上や年齢による劣化・陳腐化は固定資本ストック（価額）に反映するよう努力されている。むろんそれも限界があり，必ずしも十分精確であるとは言い難いが，現在可能な努力がなされていると言えるだろう。固定資本ストック（価額）に使用価値面・機能面の進歩と後退が多少なりとも反映しているという点ではかつての粗ストックよりも現在の純ストックのほうが妥当のように思われる。

　以上をふまえてマクロ経済統計の利用に際しては，数値の厳密さを割り引い

36

て利用することが大切だと考える。細かな値の違いを争うのではなく，マクロ経済の骨太の変化を捉えるものとして利用するということである。そもそも定量分析であれば，誤差のレベルがどの程度のものであるかを考えてデータを利用しなければならない。また数値データを使いつつ定性的（カテゴリー分類的）な分析を行うことにも大きな意味はある。

2. 現代の工場における労働過程と価値増殖過程

2-1 『資本論』における直接的生産過程

(1) 抽象的な労働過程と価値増殖過程

マルクスが『資本論』で生産要素と生産物の関係を論じている最初の箇所は，第1部第5章第1節「労働過程（使用価値の生産の過程）」である。ここでは労働過程の3要素として，「労働」すなわち意識的な合目的的な活動，「労働対象」すなわち原材料・部品・中間財，「労働手段」すなわち道具・装置・機械・インフラなどを取り上げ，これらを「投入」した結果，労働対象が変化して生産物が現れるとしている。

同じ第5章の第2節では，その労働過程において同時に価値も生産され，結果として剰余価値が発生することが論じられる。そこでは労働が新しい価値を生み，労働対象の価値はそのまま，労働手段の価値は分割して生産物に移転される。労働が生む新価値「価値生産物」が今日の「付加価値」に相当する[8]。この価値生産物から労働者に支払われる賃金（これもまた労働力商品の価値として労働価値説に基づいて説明される）を差し引いた残りが剰余価値（利潤）である。このように見るならマルクスの把握は，労働価値論に依拠していることを除けば，通常の原価計算と同じ構造を持っている。

(2) 資本主義的生産の構成要素と社会的労働の生産力

労働過程の歴史的形態，すなわち資本主義に特有の生産過程については第1部第12章，第13章，第14章で論じられる。マルクスは資本主義の生産シス

---

8) 付加価値を粗 gross で計算する場合は労働手段の価値移転分（減価償却費）も含まれるが，マルクスの「価値生産物」はそれを除いた，いわば純 net の付加価値である。

テムとして機械制大工業を思い浮かべ，それを構成する要素として①協業（集団作業），②分業，③機械制の3つを取り上げた。歴史的には道具と熟練に依拠した工場生産であるマニュファクチュアが16世紀からヨーロッパで支配的になり，18世紀後半に始まる産業革命によって機械制大工業に移行したとしている。

　マルクスは「協業」が持つ生産力を高く評価しており，集団作業を行うだけで生産力増進の作用があるとして7点にわたって述べている（7点については省略）。協業に「分業」が導入されることでさらに3点の生産力がもたらされる。①労働者の作業が単純な同一作業に分割され，同じ作業を繰り返すことで熟練が高まる。②工程転換などの「隙間」時間を節約できる。③道具もまた専門化し改良される。

　ここに「機械」が導入される。機械は道具機，伝導機，原動機からなり，マニュファクチュアで専門化された道具をより多く同時に動かしたり，人力を越えた馬力で動かしたりしようとして，これを操作してきた人間を伝導機に，また原動力として蒸気や水力などに置き換えることで機械が成立する。このように「人間に操作される道具」が「原動機，伝導機に操作される道具機」へ転換することが機械化である。機械化は機械の減価償却費が節約される労働者の賃金より小さい場合になされる。

　人間の労働はあらかじめ生産物と生産工程についての構想を持って，それを実現していくところに他の生物の本能的活動との違いがあるが，この構想の資本家が独占することで上記の「社会的労働の生産力」は「資本の生産力」となる。

2-2　現代の生産管理と原価管理

　マルクスが商品の生産過程を労働過程（使用価値の生産）と価値増殖価値（価値と剰余価値の生産）に分けて論じたことに倣って現代の製造業の工場を把握しようとするなら，それは生産管理と原価管理を統一的に捉えることになる。

　マルクスは綿工業（綿紡績・織布）を念頭に機械制大工業を分析したが，そ

の他の産業では 20 世紀になって機械制大工業が急速に発達した。製造業の生産システムは大きく装置型産業（鉄鋼業，石油精製，化学産業，紙・パルプ製造，製粉業など）と加工組立型産業（自動車，電機機械，電子機器，産業用機械，事務用機器など）に分類される。装置型産業は管桶型の装置のなかで化学的処理をされるものが多く，装置の組み合わせによって一貫した生産システムが組めるため，設備の規模が大きく，労働者の手作業部分が少なく，自動化しやすかった。これに対し加工組立型産業は素材を加工して部品を作り，これを組み立てることで完成品にするため，大量の機械設備を導入してもなお労働者の手作業に頼る部分が多く残存し，機械化・自動化は装置産業より遅れた。ここでは主に加工組立型産業を念頭に議論を進める。

⑴　大量生産と機械化の 20 世紀史

　20 世紀における機械化の発展史は，通常，表 2-2 のようなステップで語られる。

　まずその前史としてフレデリック・テイラーによる「科学的管理法」がある。これは機械導入以前の職場において熟練工たる職長が労働過程を支配していた状態から経営者がその支配権を奪うことを可能にした。その鍵となるのは「構想と実行の分離」であり，動作研究・時間研究による課業管理（標準作業手順と標準作業時間の設定）である。その「科学的管理法」を機械化によって否応なく実行可能にしたのがフォード・システムと言える。ヘンリー・フォードが用いた手法として「専用機械」「互換性部品」「流れ作業方式」が有名であるが，この時期はまだ労働者による手作業が多く，その作業を専用機械，互換性部品によって単純化・定型化することと流れ作業方式で労働密度・速度を統制したことで労働生産性を飛躍的に高めた。フォード・システムにおいてなお残されていた労働者の手作業を 1 つずつ機械に置き換えていくのが，その後のオートメーションである。第 2 次世界大戦後に注目されたトランスファーマシンでは複数の工程を担う自動化機械を連結し，工程間の加工品の搬送も自動化された。

　ここまでが作業の標準化と標準化された作業の機械への置き換えだとすると，トヨタ・システム以降は少し趣が異なる。トヨタ・システムは 1970 年代に低

第 2 章　マルクス経済学から見た生産関数の検討　39

表 2-2　大量生産と機械化のステップ

1	科学的管理法	世紀転換期。構想と実行の分離。作業研究と時間研究。標準作業票と標準作業時間。
2	フォード・システム	1910 年代。専用機械，互換性部品，ベルトコンベア方式。機械による熟練の解体と標準作業の強制。
3	オートメーション	戦後。労働の機械への置き換えの徹底。トランスファーマシン。
4	トヨタ・システム	1970 年代に普及。IE や VA/VE による原価改善。ポカよけ。検知の重視。
5	ME 化・FMS・DX	1980 年代以降。デジタル情報による制御の機械化。

（出所）藤本（2001）3 章・11 章，坂本（2017），岩崎（1983）をもとに筆者が整理

　成長経済になって多品種生産が求められるなかで日本国内で普及し，1980 年代以降には国際的にも注目を集めるようになった。同システムには大きく 2 つの新しい特徴があり，1 つは過剰な機械化を避け，むしろ労働者の作業のなかでの「ムリ・ムダ・ムラ」を取り除くことを重視して「改善活動」や「かんばん方式」を導入したこと，もう 1 つは多品種生産や不具合対応などに柔軟に対応する能力を「多能工」「ポカヨケ」といった工夫で追求したことである。後者の流れは 1980 年代に発達してきたデジタル技術を利用することで ME 化・FMS（フレキシブル生産システム）でも追求された。その中心は製造機械の道具機の動作を制御する機構に数値制御（NC）を導入したことであり，これは今日でも DX（デジタル・トランスフォーメーション）という形で，需要と生産の柔軟な同期化などに発展して追求されている[9]。

　以上，機械化による労働生産性の向上は次の 3 点にまとめられる。① 人間の作業の機械の作業への置き換え。置き換え領域は，道具機の操作から始まり，材料の搬送，工具の段取り替え，需要変動への対応へと拡張されてきた。③機械に置き換えられた作業領域では，機械は同時並行遂行数・馬力・動作速度で人間の肉体的限界を超えることができる。③ 残されている人間の手作業領域では，機械の自動進行性によって人間の作業密度・速度を統制できる。また，

───────────────
9)　以上，藤本（2001）3 章・11 章，坂本（2017），岩崎（1983）をもとに筆者が再整理した。

40

こうした機械化に加えて労働に含まれている「ムリ・ムダ・ムラ」の除去も進められてきた。

　⑵　各工程の原価管理

　以上のような機械化は企業の利潤増大を目的としており，その目的に向けて管理・統制されている。その目的の設定，達成度の評価，改善のための統制の手法が原価管理である。

　「利益＝売上高－原価」である以上，企業が利益を増大させる方法は売上高増大か原価低減しかない。しかし売上高は市場の状態（当該企業，需要者，競争他社との相互関係）で決まるものなので，工場のなすべき努力の焦点は原価低減となる。製造原価の3要素は，①労務費，②材料費（素材，原料，部品など外部購入品費），③経費（残りのすべての費用。水光熱費，減価償却費，金型・治工具費，工場間輸送費など）であるが，これらのなかの価格（賃金率，材料価格，設備価格，水光熱価格など）はやはり市場から与えられるものであるから，原価低減の焦点は「要素生産性上昇による単位当たり使用量の削減・節約」，具体的には「機械化による労働生産性の上昇」と「労働，設備，材料のムダな使用・消耗の除去」になる。

　ここで労務費削減に焦点をあてるなら，その基準となるのが「標準作業時間の短縮」である。「標準作業」とは「誰もが，事故を起こさずに，同品質の製品を，標準的な作業時間で効率よく生産すること」を基準として定められた作業手順であり，標準作業時間もここで定められる。これは熟練作業者のビデオ撮影などをはじめとする極めて仔細な動作研究・時間研究を通じて策定される。

　この標準作業時間は表2-3のような3つから構成される。実動の労働時間には「使用価値の形成が行われている時間」である①，「使用価値の形成に寄与しない労働時間」には②③，および「ムダ」がある。②③では使用価値の形成が行われていないとはいえ，「正常な使用価値形成のためには適切に確保されなければならない労働時間」であり，これらを削ると「ムリ・ムラ」が生じる。①②の短縮は機械化を通じて実現することができるが，「ムダ」の除去には「インダストリアル・エンジニアリング（IE）」「改善活動」を活用するしかない。

第 2 章　マルクス経済学から見た生産関数の検討　41

表 2-3　理想的な標準作業時間の構成

①　正味作業時間	機械化を通じて短縮。	IE を通じて
②　正味段取り時間		「ムダ」を除
③　一般余裕　・作業余裕…図面確認，機械注油などの時間。 ・職場余裕…朝礼，清掃などに参加する時間。 ・生理的余裕…給水，汗拭き，トイレなどの時間。 ・疲労余裕…作業の合間のひと呼吸（休憩時間ではない）。		去した結果， ①②③に絞 られる。

（出所）多田（2022）第 2 章より筆者作成

機械や設備とその操作方法は機械工学など生産技術に委ね，ヒトの作業・動作については IE を通じて細部にわたって分析・評価する[10]。このようにして実労働時間（操業時間）に占める正味作業時間の比率を高めつつ，標準作業時間を短縮していくことが「ムリ・ムラ・ムダの除去」と両立する形で探求される。

以上を経て，個数表示の 1 日当たり生産能力が次のように決まる。

$$
生産能力 = 操業時間(h/日) \times \underset{[ムダの除去]}{\frac{正味作業時間}{操業時間}} \times \underset{[労働生産性]}{\frac{粗生産量}{正味作業時間}} \times \underset{[品質管理]}{\frac{良品生産量}{粗生産量}}
$$

⑶　在庫管理と工程管理

以上は 1 つの工程における生産管理と原価管理の話であるが，多くの工場は多数の工程を抱えている。そこではすべての工程で上記の「1 日当たり生産能力」が一致するとは限らず，その場合，最も生産性が低い工程がその工場全体の生産性を規定するボトルネックとなる。工程による生産性の違いを無視して，各工程が最大限の生産性を発揮すると，ボトルネックの工程の前には上流工程から流れてくる部品在庫が積み上げられ，下流工程はボトルネック工程のスピードにつきあわされることになる。このような問題に対しては，許容できる在庫水準を判断し，許容範囲を超える在庫については，ボトルネックの前後で「機械を追加／削減する」「労働時間を延長／短縮する」「交替制を導入する」など

───────────────

10)　以上，多田（2022）第 2・4 章，藤本（2001）第 5・6 章を参照。

42

の形で工程間の生産性を調整することが必要となる[11]。

在庫管理の問題は工場内の工程間調整だけではなく，さらには最終需要の変動と工場の生産計画との間でも発生する。製造業には大きく分けて「見込み生産 production to stock」と「受注生産 production to order」とがあるが，生産を需要変動に適切に対応させられないと，前者では在庫が膨らみ，後者では受注残を増やすことになる。しかし需要変動に合わせて生産量が日々揺れ動くようでは製造原価を最小値に抑えることはできない。こうして需要対応と生産の平準化をどう両立させるかの問題に直面する。「最適な納期と生産量の両面から生産活動を計画し統制すること」を「工程管理」と呼ぶが，工程管理では需要変動に対して半年，月，旬などの単位で生産計画を修正し，賃金・超過勤務手当・在庫費用・品切れ機会損失費用など，さまざまな費用を比較考量して最適な生産水準を選択することになる[12]。

⑷　設備投資と工場設計

以上のような内容を含む工場の生産システムは，設備投資計画を策定する段階ですでに設備設計のなかに詳細に書き込まれている。一般に設備投資計画は，経営戦略に沿った3〜5年単位の中期経営計画が本社から打ち出され，そこに割り当てられた投資枠をガイドラインとして事業部や工場が設備投資計画書を作成する。これを本社の企画部門が取りまとめ，経営執行部が審査し，採算性の評価を受けた後，承認される[13]。

工場（製造部門）はそもそも中期経営計画の全社的な重要目標指標（KGI）に対して，それを達成するための具体策（重要業績指標 KPI）を持っている。前者が利益目標額や生産性向上率など大枠の目標であるのに対し，後者は生産量，生産性，原価率，納期遵守率，欠品率，生産時間，設備稼働率，リードタイム短縮率など極めて具体的な点検・達成目標である。新しい工場を建設する際にもその KPI をどれくらい改善するのかの目標設定を行い，その目標を達成す

---

11)　藤本（2001）第2章を参照。
12)　藤本（2001）第6章を参照。
13)　藤本（2001）第11章，多田（2022）第7章を参照。

るように生産対象品・生産能力・利益計画の決定，大枠の生産計画・工程計画・主要設備の決定，新工程票の詳細決定，詳細レイアウト決定，工場運用ルールの策定へと具体化していく[14]。このような意味で，設備投資の段階で工場の生産管理と原価管理のすべてが設備設計として組み込まれている。生産関数でいうところの固定資本 K，労働 L，生産技術 A のすべてがワンセットで選択されるのである。

2-3　小　　括

　新古典派は，生産技術と価格を与件として生産量や生産要素量を最適化することが利潤最大化のために生産者ができる唯一のことであるように描く。しかし現実の生産者（製造業企業）は工場においてこれほどまでに徹底的に減価低減を追求している。むしろ財の価格が市場から与えられるものであるからこそ，生産技術をたえず革新して製造原価を引き下げることこそが利潤最大化で最も効果的な努力となる。その減価低減のポイントは標準作業時間の削減であり，その中心は「機械化とムダの排除」である。こうして生産管理論や原価管理論が描く現代の工場の実態は，マルクスが労働過程，価値増殖過程，機械制大工業で描いていることとその基本的特徴は変わらない[15]。

　コブ＝ダグラス型生産関数では，固定資本 K はその内部に技術を体化しておらず，単にその量的側面のみを抽出したものであるが，ここで見たように現実の固定資本は生産技術を体化しており，労働の質と量も予定しており，設備投資の段階で固定資本 K，労働 L，生産技術 A の組み合わせが確定しているものである。SNA などの固定資本計測マニュアルは，一応そうした現実を認め，固定資本が体化している技術の進歩と劣化を純固定資本ストックの実質価値に反映させようと努めている。

　しかし固定資本はこの機械のみから成り立っているのではない。統計の固定資本ストック値には，まったく技術的特性の異なるもの，例えば，倉庫，実験

---

14)　多田（2022）第 6 章を参照。

15)　ただし生産管理と減価管理には労働指揮の強化についての議論は欠けている。

器具，机・椅子，コンピュータ，ビルディングなども含まれている。また固定資本の構成は産業部門によって大きく異なる。次はそれらも視野に入れて検討を進める。

3. マクロ経済統計に見る産業と設備の類型

3-1 生産量，労働量，固定資本量の間の相関関係

生産関数は生産量 Y と固定資本 K，労働 L との間の関数である。ここにどのような経験的規則性が見出せるか，まずは生産量 Y，固定資本 K，労働 L の間の相関を見てみよう。

後掲の表 2-4 は 1948～2020 年の生産量 Y と固定資本 K，固定資本 K と労働 L，労働 L と生産量 Y の相関係数を産業部門別に計測したものである。このような比較にどのような意味があるか，製造業を例に説明する。図 2-3 の 3 つの図は，それぞれ横軸 Y 縦軸 K，横軸 K 縦軸 L，横軸 L 縦軸 Y の相関図である。YK 図はほぼ一直線に並んでおり，両者が比例的に増加する関係にあることがわかる。両者の相関係数 R は 0.98309834 であり，両者の相関は極めて強い。2 枚目の KL 図を見ると，最初は K が増えると L も増加していたが，しばらくすると減少に転じている。全期間を通しては負の相関になっているが，正の相関から負の相関への逆転があるため，全体の相関関係は緩やかである（相関係数 R は -0.54406093）。3 枚目の LY 図でも同様で，これは時系列的には下から上へと伸びている散布図であるが，最初は右上方向に伸び，途中から左上方向に転じている。その結果，相関係数 R は -0.64416404 になっている。以上の 3 図から，製造業では K/L（資本装備率）が上昇するにつれて Y/L（労働生産性）も上昇し，その結果，設備 K と生産量 Y は比例的関係になる。それは相関係数の大きさで見れば，YK では強い相関，KL と LY では中くらいの相関として現れる。

1 つの産業部門の動きを見るなら，このような 3 枚の図を並べるほうが理解しやすいが，ここではこうした動向が産業部門によってどう異なるのかを見たいので，表 2-4 のように相関係数を並べて比較していくことにしたい。

図2-3 製造業の生産量Yと固定資本K，労働Lの散布図（1948〜2020年）

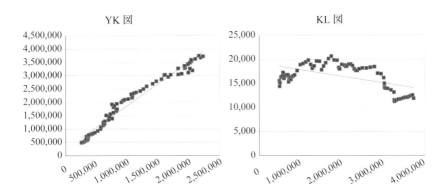

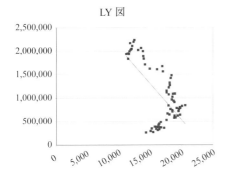

（注）左上：横軸Y縦軸K，右上：横軸K縦軸L，左下：横軸L縦軸Y。
（出所）以下の4データより作成
US.DOC, BEA, NIPA, Table 6.5BCD. Full-Time Equivalent Employees by Industry
US.DOC, BEA, Fixed Asset Accounts, Table 3.2ESI. Chain-Type Quantity Indexes for Net Stock of Private Fixed Assets by Industry [Index numbers, 2012=100]
US.DOC, BEA, Fixed Asset Accounts, Table 3.1ESI. Current-Cost Net Stock of Private Fixed Assets by Industry
US.DOC, BEA, GDP by Industry, Value Added, TVA106-A, Real Value Added by Industry（Million of 2012 chain dollars）

この表から多数の産業部門は大きく次の2つの類型に分けることができる。

第1の類型は製造業型である。製造業はYKの相関係数は（一部の例外を除いて）1に近く，極めて強い相関関係にある。KLとLYはさまざまだが，ほとんどが緩やかで約半数は負の相関になっている。製造業は機械化を通じて労働生

表 2-4 産業部門別の生産量 Y，固定資本 K，労働 L の相関関係（1948～2020 年）

	生産量 Y と固定資本 K 実質純設備 S	固定資本 K と労働 L	雇用 L と生産量 Y
民間部門	0.99696428	0.98683743	0.98079677
農業	0.63465268	-0.77499946	-0.78293216
鉱業	0.38362979	-0.24686002	-0.44728974
建設業	0.71670722	0.93012095	0.87845982
製造業	0.98309834	-0.54406093	-0.64416404
木材製品	0.89181450	-0.43035011	-0.38536164
家具類	0.84553856	0.48476788	0.82266794
非金属鉱物	0.90809884	-0.53609700	-0.39873030
一次金属	-0.28219671	-0.35068156	0.58951688
金属加工	0.94462744	0.45698458	0.64954634
機械・コンピュータ・電子・電機	0.90789631	-0.16776806	-0.29339820
自動車	0.94291202	0.52070463	0.59520369
その他輸送機械	0.70512176	-0.39310787	0.22253994
その他製造業	0.96152279	0.66669842	0.75760562
食料・飲料・タバコ製品	0.94654973	-0.58446674	-0.69659070
テキスタイル	0.64699857	0.18663509	-0.55039113
アパレル他	0.44177313	-0.46112367	0.58677804
紙類製品	0.95126399	0.05326233	0.28668539
印刷・出版	0.98412469	-0.01059834	0.00896992
化学製品	0.93149234	0.19534435	0.21194569
石油・石炭製品	0.90347048	-0.91929498	-0.93061543
ゴム・プラスチック	0.98479803	0.78147063	0.75253127
運輸・倉庫業	0.94504981	0.95289125	0.95441839
情報産業	0.99128865	0.86481372	0.81838049
公益事業	0.96043300	0.02463188	0.16943830
卸売業	0.99211257	0.82461604	0.77884150
小売業	0.99223574	0.69334259	0.65667197
金融・保険業	0.99430194	0.91596189	0.92645402
サービス業全般	0.99751130	0.97805046	0.97373195
宿泊サービス	0.95988322	0.93862364	0.98697538
芸術・娯楽・リクレーション	0.95787139	0.95912604	0.99548478
医療サービス	0.99600667	0.99624546	0.99164476
教育サービス	0.99047666	0.99441954	0.99600779

（注）　1. 薄い網掛けは相関係数 0.8～0，濃い網掛けは相関係数が負の値。
　　　　2. 生産量 Y：産業別実質 GDP（2012 年連鎖百万ドル），固定資本 K：実質純固定資本ストック（2012 年連鎖百万ドル），雇用 L：フルタイム相当雇用数（千人）。
　　　　3. 1998 年に産業分類が SIC から NAICS に変更されている。Y と K は一貫して NAICS でデータを揃えることができるが，L だけは 1948～1998 年は SIC，1999～2020 年は NAICS と分けざるをえなかった。この変更で雇用者数に大きなズレが起きるのは情報産業，公益産業，小売業，サービス業全般であった。これらの 4 部門の右 2 列は相関関係がより弱い方向に偏向している可能性がある。製造業では SIC の「機械」「電気・電子機械」の 2 部門と NAICS の「機械」「コンピュータ・電子機器」「電気機械」の 3 部門が継承関係にあるので，この 2 部門・3 部門を統合して 1 つの部門として扱った。サービス業では産業分類が大きく変更になっており，表の 4 部門以外は継承関係も判別しないためこの 4 部門に限定した。ちょうど対人サービス業のみを取り出した形になった。

（出所）図 2-3 と同じ

産性を高める努力を恒常的に行っている。そのために設備の規模を増大（技術を高度化した設備に置き換えることで設備価値額が増加する意味での「実質純設備ストック」の増大）しつつ，生産量も増える。その結果がこの表に現れている。

第2の類型は対人サービス業型である。対人サービス業は3つの相関係数ともにほぼ1で，極めて強い相関にある。対人サービス業は労働生産性の改善は極めて乏しい。個別の作業ごとには可能な限り効率を良くする努力はなされているのだろうが，結果としては資本装備率も労働生産性もほぼ一定で，言わば「規模に関して収穫一定」の状態にある。

その他の産業部門は両類型の中間形態にある。農業，鉱業，公益事業はKLとLYの相関の緩やかさは製造業型に近いが，YKの相関も緩やかな点が製造業型と言い切れない部分である。また建設業，運輸業，情報産業，卸売業，小売業，金融・保険業はサービス業型にかなり近いが，運輸業，卸売業，小売業はKLやLYの相関が微妙に緩やかである。

3-2 資本装備率と労働生産性の相関

産業部門の2類型の区別は資本装備率の上昇が労働生産性の上昇を引き起こすか否かという点にあるように思われる。そこで次に資本装備率，労働生産性の伸び率，および両者の相関について見てみよう。まず図2-4に，製造業全般

図2-4 6つの産業部門の資本装備率，労働生産性の散布図（1948～2020年）

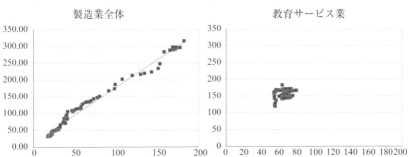

（注）1. 左：製造業全体，右：教育サービス業。
2. いずれも横軸：労働生産性 Y/L，縦軸：資本装備率 K/L。
（出所）表2-4と同じ

表2-5 固定資本装備率 K/L と労働生産性 Y/L の伸び率と両者の相関関係（1948〜2020 年）

	固定資本装備率 K/L の伸び率		労働生産性 Y/L の伸び率		固定資本装備率 K/L と労働生産性 Y/L の相関係数	
民間部門		2.73		3.46		0.988689757
農業		6.04		17.73		0.906553313
鉱業		7.38		4.05		0.675285942
建設業		2.92		1.07		-0.468760847
製造業		10.06		10.53		0.992978446
木材製品		7.45		6.57		0.962052772
家具類		5.35		2.56		0.868411527
非金属鉱物		4.62		3.83		0.960273939
一次金属		8.54		4.82		0.846618055
金属加工		6.23		2.32		0.95679671
機械・コンピュータ・電子・電機		17.03		8.76		0.943875369
自動車		9.70		6.58		0.912099234
その他輸送機械		9.37		2.77		0.923828922
その他製造業		6.97		9.40		0.912936818
食料・飲料・タバコ製品		3.58		3.61		0.951410274
テキスタイル		5.44		17.93		0.974164266
アパレル他		27.02		9.34		0.98723588
紙類製品		5.13		4.01		0.982422828
印刷・出版		8.39		5.46		0.988710602
化学製品		4.85		8.14		0.936964933
石油・石炭製品		45.49		36.88		0.920202801
ゴム・プラスチック		5.02		5.22		0.97739858
運輸・倉庫業		0.94		2.55		-0.537381488
情報産業	6.85	2.97	5.60	3.79	0.994127941	-0.991492958
公益事業	2.98	1.68	2.36	1.29	0.873861593	-0.888062882
卸売業		16.47		11.02		0.990003431
小売業	1.82	1.39	2.02	1.33	0.841681248	-0.750358911
金融・保険業		14.33		3.00		0.984688507
サービス業全般	1.40	1.34	1.16	1.16	0.969899039	-0.916560852
宿泊サービス		3.46		2.04		0.70432242
芸術・娯楽・リクレーション		1.29		0.99		0.164472791
医療サービス		1.66		0.48		-0.344046884
教育サービス		1.54		1.14		0.352809129

（注）1. 網掛けは伸び率が 3.0 以下，相関係数が 0.8 以下。
　　　2. 情報産業，公益事業，小売業，サービス業全般の 4 部門は 1998 年の SIC から NAICS
　　　　への変更によって雇用者数が急変した部門のため，1948〜1998 年と 1999〜2020 年に分
　　　　けて左右に記入。
（出所）表 2-4 と同じ

第 2 章　マルクス経済学から見た生産関数の検討　49

と教育サービス業の両者の散布図を描いてみる。

　これらの図から次のことが読み取れる。すなわち製造業は労働生産性の上昇と資本装備率の上昇の幅がいずれも大きく，かつ両者の相関関係が強い。これに対して，サービス業は労働生産性も資本装備率もその変化の幅は小さく，かつ両者の相関関係もかなり緩やかである。

　そこで表 2-5 で，多数の産業部門について，1948～2020 年の資本装備率上昇，労働生産性の伸び率（1948 = 1）と両者の相関係数を見てみよう。ここでも製造業と対人サービス業とが 2 つの類型をなしていて，その他の産業部門がその中間形態にあることが読み取れる。すなわち，製造業では（一部の例外を除いて）資本装備率上昇指数，労働生産性上昇指数ともに相対的に大きな値となっており，両者の相関係数は極めて 1 に近い。製造業では資本装備率を大幅に引き上げることで労働生産性も大幅に引き上がっていると読み取れる。これに対して対人サービス業では両者の伸び率はかなり小さく，両者の相関係数も低い水準にある。

3-3　設備構成の違い

　最後に表 2-6 から，実質純設備ストックの内部構成が産業部門によってどう異なっているかを見ておこう。US.DOC, BEA の Fixed Asset Accounts には Detailed data があり，産業部門ごとに固定資本の内訳を詳細な分類にしている。元のデータは分類が詳細すぎるので，ここでは類似のものを表 2-7 のように同一カテゴリーに統合した。比較するにあたって労働者 1 人当たりの実質純設備ストック（2012 年連鎖ドル）を用いる。また，ここでは 1998 年の値を用いることにする。

　ここでも製造業と対人サービス業とで異なる特徴が確認できる。

　製造業は「装置」と「構造物」との両方に投資していて，両者の規模（実質金額）に大きな格差はない。装置の圧倒的多数は「工業機械」であり，構造物の圧倒的多数は「ビル・工場・倉庫等」である。つまり「工場という建物の中に機械，オフィスビルの中にオフィス機器」が固定資本の基本形だと言える。

50

表 2-6　産業部門別の固定資本の詳細分類の規模（1998 年）

労働者 1 人あたり実質純設備ストック（2012 百万ドル / 千人）

	農業	石油採掘	公益事業	建設業	製造業	卸売業	小売業	倉庫・運輸業	情報産業	保険・金融業	対人サービス業
装置	224	327	346	20	55	31	7	99	135	59	15
IT 機器	0	3	3	0	1	2	0	5	58	3	1
医療機器	0	0	0	0	0	0	0	0	0	0	3
工業機械	8	80	118	4	40	7	1	8	15	7	1
輸送機械	20	108	17	4	3	9	1	78	17	35	1
農業機械	174	0	0	0	0	0	0	0	0	0	0
建設機械	1	14	10	8	0	2	0	1	5	2	0
採掘機械	0	55	0	0	0	0	0	0	0	0	0
サービス業機械	0	2	3	0	1	1	1	1	1	0	2
その他装置	19	65	194	3	11	8	4	6	38	11	6
構造物	332	10,505	1,549	11	54	28	39	154	487	102	68
ビル・工場・倉庫等	0	877	14	10	53	28	39	25	121	100	39
エネルギー施設	3	9,610	1,494	0	0	0	0	24	328	0	0
輸送施設	0	7	2	0	0	0	0	104	2	0	0
農場	329	0	0	0	0	0	0	0	0	0	0
その他施設	0	11	39	1	0	0	1	2	36	2	28
知的財産	0	26	9	1	30	3	1	2	254	8	7
IT ソフトウエア	0	7	5	1	2	1	0	2	14	4	1
製造業知財	0	0	0	0	28	0	0	0	0	0	0
非製造業知財	0	18	4	0	0	2	0	0	62	4	2
学校・NPO 知財	0	0	0	0	0	0	0	0	0	0	2
娯楽知財（著作権）	0	0	0	0	0	0	0	0	177	0	2

（注）網掛けは規模から見た産業部門ごとの「主要固定資本」。

（出所）US.DOC, BEA, Fixed Asset Accounts, Detailed Data, Fixed-Cost Net Capital Stock of Private
Nonresidential Fixed Assets [Millions of 2012 Dollars]
US.DOC, BEA, NIPA, Table 6.5BCD. Full-Time Equivalent Employees by Industry

製造業以外でこれに近いのは農業，石油採掘業，公益事業，建設業である。

　他方，対人サービス業は「構造物」への投資額（実質値）が大きく，「装置」
との間で大きな格差がある。構造物のメインは「ビル・工場・倉庫等」と「そ
の他施設」で，そこにさまざまな「装置」が少量配置されているのが固定資本
の基本形だと言える。サービス業以外でこれにかなり近いのは小売業で，卸売
業になると製造業により近い形になっている。

表2-6（続き）　製造業とサービス業の細分類
労働者1人あたり実質純設備ストック（2012百万ドル/千人）

	木材	一次金属	金属加工	機械・電子・電機	自動車	煙草	食品飲料	石油石炭	化学	教育サービス	医療サービス	芸能娯楽・リクリエーション	宿泊サービス
装置	23	127	53	62	78	68	51	514	131	8	18	19	13
IT機器	0	1	0	1	1	1	0	2	2	0	1	1	0
医療機器	0	0	0	0	0	0	0	0	0	2	12	0	0
工業機械	16	89	43	40	62	49	43	424	83	0	0	1	1
輸送機械	2	3	2	3	4	3	2	25	5	1	1	2	1
農業機械	0	0	0	0	0	0	0	0	0	0	0	0	0
建設機械	0	0	0	0	1	0	0	4	2	0	0	0	0
採掘機械	0	0	0	0	0	0	0	0	0	0	0	0	0
サービス業機械	0	1	0	0	0	4	0	2	2	1	1	2	2
その他装置	4	31	7	17	11	12	5	57	38	4	3	13	10
構造物	30	115	41	61	47	78	52	434	142	148	70	89	133
ビル・工場・倉庫等	30	114	41	61	47	78	52	427	141	3	70	16	1
エネルギー施設	0	0	0	0	0	0	0	0	0	0	0	0	0
輸送施設	0	0	0	0	0	0	0	3	1	0	0	0	0
農場	0	0	0	0	0	0	0	0	0	0	0	0	0
その他施設	0	0	0	0	0	0	0	2	0	145	0	70	132
知的財産	1	15	10	47	57	11	4	209	197	4	2	34	1
ITソフトウエア	0	2	1	5	4	1	0	8	6	1	1	0	1
製造業知財	0	13	9	42	53	10	3	200	190	0	0	1	1
非製造業知財	0	0	0	0	0	0	1	0	0	0	0	1	1
学校・NPO知財	0	0	0	0	0	0	0	0	0	3	1	0	0
娯楽知財（著作権）	0	0	0	0	0	0	0	0	0	0	0	34	0

3-4　小　　括

　製造業では恒常的に生産システムを改善して労働生産性を高める努力をしており，そのために固定資本の規模を増大（技術的に高度な設備に置き換えることで設備価値額が増加することでの「実質純設備ストック」の増大）しつつ，それに強い正の相関をもって生産量も増える。そのような機能を担うのは固定資本のなかでも機械であり，製造業は固定資本に占める機械の比率が相対的に高い。

　サービス業ではそのような労働生産性の改善は極めて乏しい。効率を良くしたり品質を改善したりなど，生産システムの改良はなされているのだろうが，それが結果として労働生産性を高めているとは言い難く，結果的には固定資本と労働者と生産量の3者が比例的に増加する「規模に関して収穫一定」が出現

表 2-7　固定資本の詳細分類とその統合

	元データの固定資本の詳細分類カテゴリー	統合カテゴリー
装置	メインフレーム・コンピュータ, パーソナルコンピュータ, ダイレクト・アクセス・ストレージ, プリンタ, ターミナル, テープ・ドライバ, ステレージ・デバイス, システム・インテグレータ, 通信機器	IT 機器
	電子メディカル機器, 非電子メディカル機器	医療機器
	一般工業機械, 特殊工業機械, 金属加工機械, 内燃エンジン, 蒸気エンジン, その他金属加工装置	工作機械
	軽トラック, トラック・バス・トレーラー, 自動車, 航空機, 船舶, 鉄道装置	輸送機械
	農業用トラクター, その他農業機械	農業機械
	建設用トラクター, その他建設機械	建設機械
	採掘・油田機械	採掘機械
	サービス業機械	サービス業機械
	非メディカル機器, 光学関連機器, 事務・会計用装置, 核燃料, 変電・配電装置, 家庭用家具類, その他家具類, 家庭用品, その他電気機器, その他	その他
構造物	オフィス, 病院, 特殊ケア, 医療用ビル, 多品種店舗, 飲食事業所, 倉庫, 移動用構造物, 製造業構造物	ビル・工場・倉庫等
	電気系, 風力・太陽光, ガス, 石油パイプライン, 通信用, 石油・天然ガス, 鉱業	エネルギー施設
	空輸用施設, その他輸送用, その他鉄道用, 軌道交換, 地域交通用構造物, その他地上輸送施設, 高速道路・保護・開発	輸送施設
	農場	農場
	主教施設, 教育・職業用施設, 宿泊施設, 娯楽・レクレーション用施設, 水道, 下水・廃棄物処理, 公共安全用施設	その他施設
知的財産物	パッケージ・ソフトウエア, カスタム・ソフトウエア, 自社アカウント・ソフトウエア	IT ソフトウエア
	医薬品製造, 化学製造 (医薬品・医療を除く), 半導体・その他部品製造, コンピュータ・周辺機器製造, 通信装置製造, 航海計器・その他計器製造, その他コンピュータ・電子製造, 自動車・部品製造, 航空製品・部品製造, その他製造知財	製造業知財
	科学研究開発サービス, ソフトウエア販売, 金融・不動産サービス, コンピュータ・システム設計・関連サービス, その他非製造知財	非製造業知財
	私立大学, その他 NPO 知財	学校・NPO 知財
	劇場映画, 長命テレビ番組, 本, 音楽, その他娯楽の原作	娯楽知財

（出所）US.DOC, BEA, Fixed Asset Accounts, Detailed Data より筆者作成

している。サービス業の固定資本の構成は圧倒的に「構造物」が大きな比重を占めている。製造業のような機械化と大量生産が欠けている設備構成となっている。

　以上のように産業部門ごとの違いがあっても，結果的には，いずれの産業部門においても生産量 Y と固定資本 K は極めて強い相関関係になった。両類型の差異は資本装備率 K/L と労働生産性 Y/L の推移に現れる。こうして生産関数を単に経験上の結果のみから定式化するなら，「Y=F (K, L; A)，ただし L=G (K;

A）」, すなわち「生産量 Y は固定資本 K と労働 L の関数だが, ここで労働 L は固定資本 K の従属変数でり, 両式の係数は技術 A に依存する」となる。もちろん, 生産量 Y と固定資本量 K との比例的関係もけっして必然的なものではない。ここでの固定資本量 K はその価値額で測られているので, これと機能（物量で測る設備生産性）との関係は偶然的で, 固定資本の生産性 Y/K は高まる場合も低まる場合も十分ありうる。

　おわりに

　本章で取り上げた 3 つの論点での検討を踏まえて, それらの相互関係とそこから導かれる含意を整理しておこう。

　⑴　各産業部門の固定資本はその物質的な姿から見れば表 2-7 のように整理されるような存在である。それをマクロ経済統計では, 個々の機械・道具・施設等を価格をウエイトにして合算して単一の値（価値額）で表示する。その際, デフレータで同一財に対する価格変動を除去することで価値額表示ではあるが物量の代理変数になるように実質化しており, 個々の機械・道具・施設などの「製造年代 vintage による性能の上昇」「使用年月 age による物理的劣化と経済的陳腐化」はこの価値額に反映されるよう努めている（どの程度, 精確かは別途論点になるにせよ）。こうして得られた結果が「実質純固定資本ストック（基準年貨幣価値表示）」であり, 現状ではこの値を固定資本の集計的規模として（その弱点を自覚しつつ）利用するしかない。

　⑵　固定資本は（統計では単一の値で示されるとはいえ）物質的な存在としては表 2-7 に見られるような多様な姿を持っており, それぞれが体化している技術も異なる。それを大きく 3 分類すると次のようになる。

　まず, ① 機械は部分的に人間の作業に置き換わっている存在であり, 機械と労働の量的比率は（その機械・技術ごとに）固定されており, 残されている人間の作業と機械の動作とは同期化されている。加えてこの機械が資本主義的に（すなわち利潤追求的・原価削減的に）用いられるなら, 個々の工程での標準作業時間を限界まで削減し, 複数の工程間の作業速度の違いや最終需要の変動との

ズレを在庫で調整しつつも，その在庫を一定の許容範囲内に収めて作業が平準化されるように工場全体（機械体系全体）として設計される。

②これに対し建物としての工場・倉庫は，その中／横で（人間にしろ機械にしろ）どのような作業をどの規模で行おうと（空間容量の限界を越えなければ）変化しない。工場内の機械がいくら高機能化・高額化・効率化しても，それを収めている工場建物や倉庫に変更を加える必要はほぼないし，経済的陳腐化も極めて小さい。同様の性質を持つ資本財として家具類（机・椅子など），エネルギー施設，輸送施設（車庫など）を挙げることができる。

③第3の類型として，輸送機械，事務作業用装置（パソコン，コピー機，電話など），サービス機械（レジスターなど）などが考えられる。これらの機械は個々の工程で人間の作業の一部を機械に置き換える「機械化」がなされているが，複数の工程をまたいだ自動運転はなされておらず，労働者に作業速度を強制する機能もなく，労働者の判断によって随意的に運転されている。

固定資本をこのように分類するなら，産業部門ごとの生産技術の違いもここから説明できる。製造業では「機械」類と「工場・倉庫」類との両方に投資していて，両者の規模（実質価値額）に大きな差はない。対人サービス業では「構造物」への投資額に比較して「装置」の規模はかなり小さいし，その内容としては上記の3分類で3番目に属する「その他装置」が多い。固定資本の構成のこのような違いが，産業部門による生産量Y，固定資本量K，労働量Lの相関関係や資本装備率や労働生産性の推移の違いをもたらしている。

(3) では産業部門によってこのような生産技術の違いが現れるのはなぜなのであろうか。そこで注目すべきは社会的物質代謝のサイクルであろう。人間は労働を投じて使用価値を生産し，これを消費して欲求の充足と人間能力の維持・開発を行っているが，これを社会的分業のなかで行っている。産業部門には，まず「物質的生産」を担っている農業，鉱業，建設業，製造業，公益事業がある。地理的移動には運輸業，通信産業がある。市場取引（所有の移転）を担当する産業部門として卸売業，小売業，金融・不動産業がある。最後にサービス業があるが，ここには営利事業活動を支援する対事業所サービス業と人間の消

費過程を支援する対人サービス業[16]とがある。こうして見ると製造業と対人サービス業は，物質代謝サイクルのなかで財の生産過程と消費過程という対極に位置している。そして個人消費の過程は，消費の対象，量，タイミングに大きなバラツキがあり，対人サービス業の労働過程はその影響を最も被りやすい。例えば，レストラン（飲食サービス業）もその業務は製造（調理）と小売（受注と会計）とサービス（場所と便宜の提供）の結合であるが，この製造（調理）工程も個人的消費に非常に近いがゆえにバラツキと変動の影響を強く受け，大量生産が困難になる。また流通業でも個人消費に近い小売業は卸売業よりも購買のタイミングのバラツキの影響を強く受ける。個人的消費に近いところを担っている産業部門では，そのバラツキの激しさに労働の変動によって柔軟に対応せざるをえないため作業標準化，原価管理，機械化が困難となると言える[17]。

　(4)　以上のように生産技術の内容を具体的に考えると，逆にコブ＝ダグラス型生産関数のような特性を持った固定資本，すなわち「労働と代替関係にあり，限界収益が低減する」資本はどこに実在しているのであろうか。これはもともとリカードが農業における土地で想定していた特徴を新古典派が資本一般の性格に拡張したものと言われるが，土地以外にこのような性質を持った資本財があるのだろうか。新古典派には，たとえ現実の工場の生産過程（技術的生産関数）がコブ＝ダグラス的でなくても，企業，産業，マクロ経済と集計された結果（集計的生産関数）で当てはまりが良ければ問題ないと言う者が多い。しかし，少なくとも産業部門のレベルでの集計でもなお現場の生産技術の特徴が色濃く残っ

---

16)　医療・介護，教育・保育，芸術・娯楽，飲食・宿泊などは生産物の消費（使用価値の実現）を通して効用（個人的欲求の充足と人間能力の維持・発達）を得る過程（消費過程）で，家計の所得から支払いを受ける産業部門である。

17)　原価管理の研究のなかにはサービス業では原価管理が容易ではないことを問題にする研究が多く存在する。それらの研究が共通して指摘している原因は，①生産と消費の同時性のため，在庫が存在しないこと（生産を需要から切り離して一方的に推進すること）。②要求の個別性が高く標準製品がないため，生産活動を量・品質ともに客観的に測定することが困難であること。③サービスの受け手がサービスの質に影響すること。④労働集約的であること。また発生する原価の多くは間接費，固定費であること，である。山浦（1991），小田切（2002），庵谷（2009），荒井（2010），深山（2013），上東（2019）など参照。

ていることはコブ＝ダグラス型生産関数にとって重い事実ではないだろうか。

参 考 文 献

荒井耕（2010）「サービス業における原価計算の普及阻害メカニズムとその可変性
　　—医療を中心とした「人対人」サービス業に焦点を当てて」（『原価計算研究』
　　34-1）日本原価計算研究学会

庵谷治男（2009）「サービス業におけるコスト・マネジメントの限界と原価企画の
　　適用可能性」（『商学研究科紀要』68）早稲田大学大学院商学研究科

石渡茂（2003）「OECD，『資本計測：資本ストック，固定資本消費，および資本サー
　　ビスに関するマニュアル』について」（『社会科学ジャーナル』51）国際基督教
　　大学

岩崎武司（1983）『フレキシブル・オートメーション　無人工場へのアプローチ』
　　日本工業新聞社

上東正和（2019）「わが国サービス業における管理会計実践の実態と展望」（富山大
　　学紀要『富大経済論集』64-3）富山大学経済学部

小田切純子（2002）『サービス企業原価計算論』税務経理協会

加藤涼（2007）『現代マクロ経済学講義　動学的一般均衡モデル』東洋経済新報社

カルドア・パシネッティ・サミュエルソン＝モディリアニ・ロビンソン・ソロー（福
　　田重夫編訳）（1982）『マクロ分配理論—ケンブリッジ理論と限界生産力説【増
　　補版】』学文社

キング，J.E.編（2021）『ポスト・ケインズ派の経済理論　［第二版］』日本経済評論
　　社（John Edward King ed.（2012），The Elgar Companion to Post Keynesian
　　Economics, Second Edition, Edward Elgar Publishing）

坂本清（2017）『熟練・分業と生産システムの進化』文眞堂

シュライアー，ポール（2009）『OECD 生産性測定マニュアル—産業レベルと集計
　　の生産性成長率測定ガイド』慶應義塾大学出版会

ソロー，ロバート M.（2000）「第 3 章　直接代替のないモデル」『成長理論　第 2 版』
　　岩波書店所収（Robert M. Solow（2000），Growth Theory: An Exposition, Second
　　Edition, Oxford University Press, Inc.）

ソロー，ロバート M.（1970）『資本　成長　技術進歩』竹内書房

多田夏代（2022）『ビジュアル図鑑　今と未来がわかる工場』ナツメ社

内閣府（2005）「OECD マニュアルのポイント」内閣府，資本ストック検討委員会

野村浩二（2004）『資本の測定　日本経済の資本深化と生産性』慶應義塾大学出版
　　会

野村浩二（2010）「解説　資本の測定に関する最近の動向」（『Journal of Life Cycle
　　Assessment, Japan』Vol.6 No.2）日本 LCA 学会

ハーコート，G.C.（1980）『ケムブリジ資本論争』日本経済評論社（G. C. Harcourt（1972），
　　Some Cambridge Controversies in the Theory of Capital, Cambridge University Press）

平野健（2021a）「戦後アメリカの経済成長率の長期低落傾向と産業構造の再編」（『季

刊　経済理論』58 巻 1 号）経済理論学会

平野健（2021b）「マルクス派マクロ経済学の基礎」『ディスカッションペーパー』
　　No.360）中央大学経済研究所

藤本隆宏（2001）『生産マネジメント入門Ⅰ【生産システム編】』『生産マネジメン
　　ト入門Ⅱ【生産資源・技術管理編】』日本経済新聞社

深山明（2013）「グーテンベルク生産論の意義」（『同志社商学』64—6）同志社大学
　　商学会

山浦裕幸（1991）「サービス（財）の原価計算」（『経理知識』70）明治大学経理研
　　究所

ローマー，デビッド（2010）『上級　マクロ経済学［原著第 3 版］』日本評論社（David
　　Romer（2006），Advanced Macroeconomics, Third Edition, The MacGraw-Hill
　　Companies, Inc.）

脇田成（1998）『マクロ経済学のパースペクティブ』日本経済新聞社

Jorgenson, D. W., and Z. Griliches（1967）, "The Explanation of Productivity Change", *The
　　Review of Economic Studies* , Vol. 34, No. 3（Jul., 1967）, pp. 249-283

Kaldor, Nicholas（1961）, "Chapter 10: Capital Accumulation and Economic Growth", In
　　Lutz, Friedrich; Hague, Douglas（eds.）, *Capital Accumulation and Economic Growth*,
　　MacMillan and Co. Ltd. pp. 177-222

Shaikh, Anwar（1974）, "Laws of Production and Laws of Algebra: The Humbug Production
　　Function", *The Review of Economics and Statistics,* 56-1, Feb., 1974

Solow, Robert M.（1956）, "A Contribution to the Theory of Economic Growth", *Quarterly
　　Journal of Economics*, February 1956（ソロー，ロバート M.（1970）『資本　成長
　　技術進歩』竹内書房所収，第 2 部 1「経済成長理論への一寄与」）

US.DOC, BEA（2003）, "Fixed Assets and Consumer Durable Goods in the United States,
　　1925-97", U.S. Government Printing Office

〈略号〉

US.DOC, BEA：U.S. Department of Commerce, Bureau of Economic Analysis

第 3 章

長期停滞下における競争政策の展開
――イノベーション政策を中心に――

秋 保 親 成

は じ め に

1970 年代の先進各国における収益性の低下以来，資本主義諸国における競争力の強化は研究開発体制の再編とともに推移してきたと言える。そして近年の資本主義世界においては，各国で次世代技術開発を推進するための総合政策（例えばドイツの「Industrie 4.0」，中国の「中国製造 2025」など）が相次いで掲げられる一方で，半導体を取り巻く各国の攻防戦に象徴されるように，米中を中心とした「技術覇権」をかけた争いが激しさを増している。このような世界的な技術競争のなかにあって，イノベーション（技術革新）[1]をめぐる国家戦略の成否が，当該国の命運を握ると言えるほど重要性を高めている。

---

1) ここでは一般的な用語法に基づいてこの語句を使用しているが，イノベーションの概念と技術革新と同一視するのが妥当か否かについては，一定の議論が必要である。確かに，技術革新の適用領域を生産過程のみに限定する一方で，イノベーションを同過程以外の領域をも包含する概念であると規定するなら，当然両者は一致しない。だが，技術革新の概念もまた，「技術」の捉え方次第で対象領域の拡張が可能であり，必ずしも生産過程のみに限定すべきではないと考える。本章ではさしあたりこのような判断で，イノベーションと技術革新を表記して扱うことにする。なお，技術論論争を振り返りつつ，AI などの情報技術を中心に現代技術の経済学的意義について検討した議論として，渋井（2019）を参照。

他方で，こうした一連の政策は，理念的には資本による自由競争の推進を掲げていながら，現実的には独占体制を強化する性質を持っていることが看取される。またこの体制の強化は，資本間の格差の拡大を促すことを通じて，かえって成長を阻害し停滞を導く要因となる可能性を有しているものと捉えることができる。

このような観点から，本章ではイノベーション政策を中心として，長期停滞下における競争政策の意義と課題について検討する。

1. 競争政策，およびイノベーション論の歴史的展開

本節では，以後の議論の準備として，戦後資本主義世界における競争政策の変遷，およびイノベーションに関する議論について確認しておきたいと思う。

1-1 競争政策の変遷

戦後世界における科学研究の動きを俯瞰すると，1970年代において潮流の変化を確認することができる。この頃先進各国はともに深刻な不況に見舞われていたが，産業競争力の強化のために，科学研究が持つ経済的な効果に大きな期待がかかり，それが政策の転換へと結びつくこととなった。以下，米国のイノベーション政策を中心に競争政策の歴史的経緯を確認する。

米国は，経済的な苦境の原因をイノベーションの停滞に求める論調が高まっていたことを背景に，イノベーションを促進する政策をいち早く打ち出している。なかでもカーター政権期の1979年に提起された「産業イノベーション・イニシアティブ」（「Industrial Innovation Initiative」）は，「産学官の連携」や「ベンチャー企業の支援」，「技術移転の推進」「特許制度の改善」といった内容で構成されており，その後の施策の重要な指針となっている。

こうした流れを受けて1980年に制定されたのがバイドール法である。同法は，連邦政府の資金で研究開発された発明についても，その成果に対して大学や研究者が特許権を取得することを認めたものであり，産学連携の推進，中小企業

の公的研究への参加の促進につながるものとなった[2]。

上記のような科学技術政策の方向性をさらに決定づけたのは，産業競争力の強化を目的として提示された「ヤングレポート」(「Global Competition-The New Reality」) である。この文書は，レーガン政権下の1985年に米国の産業競争力委員会 (President's Commission on Industrial Competitiveness) によって提出された産業競争力に関する報告書であり，新技術の創造や実用化，保護などが提言されている。同報告書は先のバイドール法と合わせて，プロパテント政策 (知的財産権保護) への転換をより明確に打ち出すものとなった。

この米国による競争力強化，民間の研究開発を重視した一連の政策は世界各国にも波及的な影響をもたらしていたが，2004年に同国の競争力評議会 (Council on Competitiveness) がまとめた「パルミサーノレポート」(「Innovate America」)[3] は，イノベーション重視の方針を改めて強く押し出していることに加え，脱工業化・サービス化の進展を踏まえ，その担い手としての科学者やクリエイター等の高度専門技術者の人材育成を強調している点に特徴を見出すことができる[4]。

概観すると，1970年代以降の米国における政策的展開は，今日に至るまで，資本主義世界の大きな潮流になっている。端的に言えば，資本は研究開発における経済的支援を通じて，国家との統合性 (相互依存関係) を深化していると捉えることができる。

ここで，上記のプロパテント政策を念頭に，知的独占と投資機会の制限について検討しておきたい。

---

2) なお，同法は日本でも，産業活力再生特別措置法 (平成11年法律第131号) 第30条において導入されており，現在は産業技術力強化法 (平成12年法律第44号) 第17条に継承されている。

3) 先の「ヤング・レポート」を引き継いで過去20年間にわたる米国の活動と研究の集大成し，同国の国家イノベーション戦略を提起している。

4) 関下 (2010，117-120頁) は Innovate America が示した新機軸として，①ユーザーと生産者の双方向性の強化，②知財の保護と公開という矛盾しあう原理の併存，③製造活動とサービスとの結合の進展，④学問分野でのマルチディシプリナリーな傾向の強化，⑤民間と公共の関係における役割分担の強化，⑥小企業と大企業の役割分担の明確化，⑦国家安全保障と科学研究の開放性 (オープン化) との関係の提示，⑧ナショナルとグローバル化の二重性の出現を挙げている。

同政策によって確立・強化された知的財産権の保護や秘密保持（知的財産の独占的所有）は，権利を保有する側から見れば，独占的所有権を守るためのコストの低下を期待することができ，特にさまざまな知識や情報が集約する独占資本にとって優位に働く。だが同施策は，他者にとっては，知識にアクセスする権利を奪う妨害物として機能する。そして，これによって知的財産に特有な技能を有する個人がその資産の利用を妨げられることは，新たな技術などを創造する機会の損失をもたらすものと捉えられる。

さて知的財産の保有は，土地の所有と比較して論じられることが多い。土地所有の場合，少数の個人の法的地位が関与するローカル・コモンとして捉えることができる。また土地の私的所有がもたらす経済的・社会的影響は，基本的にはその空間に限定された，地域的な影響しかないものと考えられる。そして土地の囲い込み（独占的所有）は，一般的には，コモンズ（共同地）の悲劇を防ぐものとして支持されている。

これに対して知的財産の所有は，多くの個人の法的地位を変え，各国の国際的な立場に大きな影響を与えるものと言える。知識に関する財産権の所有者は，他国を含む領域外の経済主体に対して，その将来の機会を所有している。つまり知的財産権は，資本の将来的な成長や価値にとって鍵的な要素となるのであり，その独占的な支配力は脱空間的に作用する。

この間の国際経済においては，1995 年に WTO が創設され自由貿易がより力強く推進されているが，一連の国際政策を通じて，独占資本のグローバル支配が強化されるとともに，格差の拡大がもたらされている。知的財産との関連で言えば，例えば 1994 年の TRIPS 協定（知財の貿易に関する規約）は，知識の独占的支配の制度的基盤を形成している。

以上を理論的に捉え直すと，イノベーション政策における知的財産の保護は，特別剰余価値の獲得をめぐる競争を阻害する機能を果たしており，この点において独占化を推進している。

1-2 イノベーション論に関する議論の概要

次に本項では，イノベーション政策の基礎をなすイノベーションの理論や方法をめぐる議論について概観する。

元来イノベーションは「革新」を意味する言葉であるが，現代では経済的・社会的・技術的な意味が付与され，「製品の生産・流通の過程における革新的な技術，およびその成果物」，そして「その創出に関わる組織の運用や販路の開拓，経営資源の配分などを含め，経営主体の行動全体に関連する取り組み」までを包括する概念として用いられていると言える。

さて，イノベーションを対象にした議論を概観すると，イノベーションの定義に関する議論と，イノベーションの実現方法をめぐる議論に大別される。そして，イノベーションの議論は，その創出の主体の広がりや社会環境の変化に応じて発展してきたと言える。ここでは簡潔に，その要点を確認していく。

まず周知のように，イノベーションの定義は1912年のヨゼフ・シュンペーター（Schumpeter, J. A.）『Theorie der wirtschaftlichen Entwicklung』で示された説が端緒とされる。このなかでイノベーションは，新しいものの生産，または既存のものの新しい方法による生産と定義した。つまりここでの「生産」は，新しい商品（財，サービス）の創造だけでなく，その生産の方法の創造を含んだものである。そして，これらを生産するための諸要素の結合が重視されており，イノベーションは諸要素の「新結合」[5]であると定義されている。イノベーションを長期的な経済発展の原動力と位置づけるシュンペーターの議論は，現代のイノベーション論の基礎となっている。こうした経済的またはマクロ的な観点による分析の系譜にある議論として，ムーア（Moore 1991）の『キャズム』，クリステンセン（Christensen 1997）の『イノベーションのジレンマ』，そして後述するチェスブロウ（Chesbrough 2003）の『OPEN INNOVATION』が挙げられる。

次に，イノベーションを経営的観点からの議論の展開の契機となったのは，

---

5) 結合する諸要素として「新しい商品や新しい品質の商品の生産」「新しい生産方法の導入」「新たな販路の開拓」「原材料や半製品の新たな供給源の獲得」「市場での地位の再編」の5つが提示されている。

1954 年のピーター・ドラッカー（Drucker, P.F.）による『The Practice of Management』である。ここでは，企業の目的は顧客の創造であり，その創造のために企業が行うべき最も重要なものの1つがイノベーションであり，この革新は企業組織のマネジメントによって生み出すことが可能であると説いている。この経営的またはミクロ的な観点によるものとして，野中（1996）の『知識創造企業』，キーリーら（Keeley, et al. 2013）の『ビジネスモデル・イノベーション』，オライリーとタッシュマン（O'Railly and Tushman 2016）の『両利きの経営』といった議論がある。

以上のイノベーションをめぐる議論を基礎として，日本は競争力強化のためのイノベーション創出の施策を検討し，数々の政策を展開している[6), 7)]。

2. 日本におけるイノベーション政策の展開

日本は従来より，成長戦略の重要な柱としてイノベーションを位置づけ，研究開発体制の構築と発展を推進し，そのための支援策を基軸に政策を実行してきた。他方で近年では，知的財産の保護，スタートアップの支援，科学技術への投資など多様な政策を打ち出している。特に 1990 年代は産学官の連携の強化，そして 2000 年代以降は，研究開発に限らず総合的な観点からイノベーションの創出をめざした政策を推し進めている。

こうした背景を踏まえ，本節では研究開発に関する政策を中心に，近年の日

---

6) 後藤（2017，74 頁）は，戦後先進諸国においてマクロ経済政策における国家の役割が増大する結果，イノベーションの担い手が国家や巨大企業のような大組織内部の技術者や管理者に移行し，「起業家」の役割が減退する点を指摘する。この観点によるならば，一国の経済や社会を，そのなかでイノベーションが生じる1つのシステムとして捉える National Innovation System（NIS）の概念や実践（イノベーションに対する国家や社会による積極的関与）も，このようなパラダイムの変化を反映したものと解釈することができるだろう。なお，NIS の概念，およびその普及過程については姜（2009）を参照。

7) なお Jessop（2002）は，戦後各国における国民国家を「ケインズ主義型国民的国家」と「シュンペーター主義的競争国家」に類型化し，主に 1970 年代以降持続的に発生した経済的・政治的危機の経験を経て，世界の資本主義国家の潮流が前者から後者へと移行したと捉えている。

本におけるイノベーション政策の展開について検討する。

2-1 近年の日本のイノベーション政策の全体像

まず本項では，直近の日本の政策の全体像や基本的な方向性について確認する。

第1に，「科学技術・イノベーション政策の方向性」については「科学技術研究の充実」が掲げられており，特に「基礎研究や人文社会科学分野を含む科学技術全般の研究の充実」が提起されている。

また，上記の点とも関わって，「多面的多様な価値創出に向けた研究エコシステムの構築」（社会的課題の解決，ウェルビーイングの実現など），「多面的・多層的な取り組みの必要性」（クラウドファンディング等の新たな資金の活用，長期的視点による研究や挑戦的課題に取り組むことが可能な人事システムや評価システムの形成など），「持続可能かつ強靭な社会実現のための社会システムの変革」（グリーントランスフォーメーションやトランスフォーマティブ・イノベーションの推進など），「多様なステークホルダーとの連携」（産官学に市民アクターを含んだ産官学民の共創など）といった形で，多様性が強調されている点が特徴的である。

他方で，安全保障への対応もこの一環に位置づけられている。ここでは特に「経済安全保障面での対応の必要性」（2022年の経済安全保障推進法の公布）が掲げられるとともに，「総合的な防衛力の強化に資する科学技術分野の研究開発」（「総合的な防衛力の強化」の観点からの「幅広い研究開発」の推進）の必要性が述べられている。

第2に「研究開発の強化」として，「研究資金」について研究開発投資の改善（基盤的経費や競争的資金の見直しなど），多様な資金の活用（先述のほか，社会課題に直面する分野担当省庁や地方自治体など）が掲げられている。また，「研究組織」に関しては，大学における研究・人材育成の充実や国立大学の類型化と総合的支援策（政策パッケージ）の実施，マネジメント・財務体制の強化と規模の拡大の実現が提起されている。

そして，「人材育成」については「科学技術人材の質と量の両面での確保」

が強調されるとともに,「博士課程人材の育成と活用」「国際頭脳循環への参画」「マネジメント人材の充実」といった取り組みが提示される。

なお,「国際連携」については「研究セキュリティ・インテグリティの確保」や「変化する国際関係・安全保障環境を踏まえた戦略的国際連携」が,また「研究基盤」に関しては「長期的戦略に基づく大規模研究施設・設備の運用管理」や「研究設備の共用の促進や技術支援人材の育成と活用」といった内容が挙げられる。

最後に,上記以外の政策の方向性として,「イノベーション・エコシステムの構築」(既存の大企業や大学,研究機関といった主体のほか,スタートアップや中小企業,公共機関,市民セクターなども含んだイノベーションをめぐる多様なネットワークの形成),「政策推進基盤の充実」(府省間横断的調整機能の強化,EBPM(Evidence Based Policy Making)の推進,科学助言システムの強化)が挙げられている。

2-2　イノベーション政策の展開①：科学技術基本計画

次に,近年の日本におけるイノベーション政策の展開について見ていこう。まず柱となる政策としては,次の4つの内容を挙げることができる。

① 科学技術基本計画(第6期：2021-2025年)
② 科学技術基本法(2020年改定)[8]

---

8)　科学技術基本法の改定の要点は以下の通りである。
- 法律名の変更(「科学技術・イノベーション基本法」)
- 法の対象に関する「人文科学のみに係る科学技術」,「イノベーションの創出」の追加(第1条)
- 「イノベーションの創出」の定義規定の新設(第2条第1項)
- 科学技術・イノベーション創出の振興方針の追加(第3条)
  「研究開発法人・大学等」,「民間事業者」の責務規定(努力義務)の追加(第6条,第7条)
- 研究者等や新たな事業の創出を行う人材等の確保・養成等についての施策の追加(第12条)
  なお,ここでの「責務規定」とは,大学等については人材育成や研究開発・成果の普及,民間事業者については大学等との連携や研究開発・イノベーション創出が挙げられる。

③　成長戦略実行計画（2019 年以降毎年作成）[9]

④　統合イノベーション戦略（2018 年以降毎年作成）[10]

　ここで科学技術基本計画を中心に，この間の経緯について確認していきたいと思う。同計画は，科学技術基本法（1995 年制定）に基づき，1996 年に策定された。まず第 1 期（1996〜2000 年度）の計画では，政府による研究開発投資の拡大，研究開発システムの改革，研究開発の戦略的重点化などに重点が置かれていた。これに続く第 2 期（2001〜2005 年度）と第 3 期（2006〜2010 年度）[11] の基本計画では，科学技術活動が大規模化・複雑化するなかで，「重点分野の設定」を中心に，重要性が高い研究領域への重点投資などが行われ，産官学の連携の強化や，国際競争力の向上が目標として掲げられた。

　このように，政府の重点投資を中心とした政策は，第 4 期（2011〜2015 年度）において方針転換が図られている[12]。この期の基本計画では，「科学技術の社会実装」が前面に押し出されており，「課題達成型の重点化」「基礎研究と人材育成の強化」「PDCA サイクルの確立やアクションプラン等の改革の徹底」といったテーマを掲げるとともに，研究開発の成果をイノベーションの力によって社

---

9)　同計画は，内閣府の未来投資会議（2020 年 10 月以降は成長戦略会議）が取りまとめを行っている。

10)　なお，2018 年 6 月 15 日閣議決定された「統合イノベーション戦略」に基づき，内閣に統合イノベーション戦略推進会議が設置されている。政府 HP の説明によると，同会議は「イノベーションに関連が深い司令塔会議である総合科学技術・イノベーション会議，高度情報通信ネットワーク社会推進戦略本部，知的財産戦略本部，健康・医療戦略推進本部，宇宙開発戦略本部及び総合海洋政策本部並びに地理空間情報活用推進会議について，横断的かつ実質的な調整を図るとともに，同戦略を推進する」ことを目的としている。

11)　この第 3 期の基本計画から，技術革新に代わる用語としてイノベーションが使用されるようになり，日本の科学技術政策のなかにイノベーションが明確に位置づけられるようになった。小林（2017，56 頁）を参照。

12)　2009 年 12 月に閣議決定された「新成長戦略（基本方針）」において，「グリーン・イノベーション」と「ライフ・イノベーション」が国家戦略の柱として位置づけられた。このことを背景として，2010 年 7 月の本会議に提出された「科学技術基本計画策定の基本方針」においては，これらの分野の発展を推進するための方策が示されており，第 4 期基本計画にも反映される形となっている。原山・新田（2011）を参照。

68

会に還元し，社会変革と課題解決を核とする方向へと転換している。

　こうした方針は，第5期（2016～2020年度）計画においてより鮮明になっている。この計画は，「科学技術・イノベーション政策の推進のための司令塔」[13]を担う政策立案・総合調整を行うことを目的とする機関である科学技術・イノベーション会議 CSTI（Council for Science, Technology and Innovation）[14] によって初めて作成された。また，同計画中の目標においても「世界で最もイノベーションに適した国」が掲げられるなど，随所にわたり「イノベーションの推進」を強調した内容となっている[15]。

　なお，上記の方針を実現するための施策として，本計画の第2章では「未来の産業創造と社会変革に向けた新たな価値創出の取組」と銘打った上で，「未来に果敢に挑戦する研究開発と人材の強化」「世界に先駆けた「超スマート社会」の実現」「「超スマート社会」における競争力向上と基盤技術の戦略的強化」を目標とし，具体例として革新的研究開発推進プログラム（ImPACT：Impulsing PAradigm Change through disruptive Technologies Program）[16] のさらなる発展や，Society5.0

---

13)　内閣府 HP「総合科学技術・イノベーション会議の概要」参照。

14)　2001年の中央省庁の再編において，科学技術政策の中核を担ってきた「科学技術会議」（総理府）が廃止され，内閣府設置法（平成11年法律第89号）に基づき「総合科学技術会議」が設置された。そして同会議は2014年，内閣府設置法の一部を改正する法律（平成26年法律第31号）の施行によって「総合科学技術・イノベーション会議」へと改組された。この経緯については，研究開発戦略センター（2021，12-13頁）参照。

15)　また，この第5期計画では，2014年の「まち・ひと・しごと創生法」の制定などを背景として，地方創生に資するイノベーションシステムの構築に向けての取り組みが推進されている。具体的には，コア技術を核に地域の成長・国富の増大に資する事業化プロジェクトの実施，地方公共団体と大学を中心とするチームによる地域の「未来ビジョン」の設定やそれによる取り組みの支援，地域に集積する産・学・官・金（金融機関）のプレイヤーの共同による複合型イノベーション推進基盤（リサーチコンプレックス）の発展，といった事業が実施されている。文部科学省（2023，4頁）を参照。

16)　5年間の時限的な試みとして2013年度に創設された同制度は，ハイリスク・ハイインパクトなものである挑戦的な構想・アイデアを全国の研究者などから広く募集し，そのなかからチャレンジ精神に富んだ優秀な人材をプログラム・マネージャーに抜擢し，研究開発のマネジメントを委ねることを特徴としている。

第 3 章　長期停滞下における競争政策の展開　69

の推進を掲げている。

　そして，2021 年 3 月 26 日に閣議決定した第 6 期の「科学技術・イノベーショ
ン基本計画」（2021〜2025 年度，以下「第 6 期計画」と略記）が最新の計画である。

　まず第 6 期計画では，国内外の情勢変化として，世界秩序の再編の始まりと
科学技術・イノベーションを中核とする国家間の覇権争いの激化，気候危機な
どグローバル・アジェンダの脅威の現実化，IT プラットフォーマーによる情
報独占と巨大な富の偏在化を挙げる。またこれらの変化は，新型コロナウイル
ス感染症の拡大の影響（サプライチェーンの寸断，テレワークやオンライン教育の普
及拡大，新しい生活様式への変化など）によって加速すると捉える。こうした現状
認識の下，当局は「グローバル課題への対応」と「国内社会構造の改革」の両
立が不可欠であり，これを実現するための政策の主柱として Society5.0 の実現
を掲げている[17]。

　次に，第 6 期計画における Society5.0 を実現するための施策について確認す
る。この施策では 3 つの柱，すなわち「国民の安全と安心を確保する持続可能
で強靭な社会への変革」，「知のフロンティアを開拓し価値創造の源泉となる研
究力の強化」「一人ひとりの多様な幸せ（well-being）と課題への挑戦を実現す
る教育・人材育成」が掲げられている。

　政府はこの Society 5.0 の未来社会像を，「持続可能性と強靱性を備え，国民
の「安全と安心を確保するとともに，一人ひとりが多様な幸せ（well-being）を
実現できる社会」と規定するとともに，「総合知による社会変革」と「知・人
への投資」の好循環をめざすものとして，科学技術・イノベーション政策の方
向性を提示している。同計画では 2021 年 3 月の閣議において，2021 年〜2025
年の 5 年間で官民合わせて約 120 兆円（民間企業の目標は約 90 兆円）の研究開発
投資を行っていく方針を採っている。

17）　第 6 期計画の本文は 3 章で構成されているが，その第 2 章が「Society5.0 の実現に
　　　向けた科学技術・イノベーション政策」とあることから，Society5.0 が同計画の中心
　　　に位置づけられるとともに，同計画が Society5.0 にとっての「手段」となっているも
　　　のと読み取ることができる。

2-3 イノベーション政策の展開②：オープンイノベーション

続いて，現在のイノベーション政策において中核的位置を占めるオープンイノベーションの基本内容，および日本における施策とその意味について検討する。

オープンイノベーションの概念は，2003年にヘンリー・チェスブロウ（Chesbrough, H.W.）が『Open Innovation : The New Imperative for Creating and Profiting from Technology』で提唱したものが端緒である。同書によると，従来のイノベーションは「クローズドイノベーション」（自前主義・垂直統合型の閉鎖的なエコシステム）であるが，今後はより創造性の高い「オープンイノベーション」（社内外との連携を基軸とした開放的なエコシステム）を志向すべきことが主張されている。概して言えば，オープンイノベーションとは「自社だけでなく他社や大学，地方自治体，社会起業家など異業種，異分野が持つ技術やアイデア，サービス，ノウハウ，データ，知識などを組み合わせ，革新的なビジネスモデル，研究成果，製品開発，サービス開発，組織改革，行政改革，地域活性化，社会課題解決などにつなげるイノベーションの方法論」[18]であると整理することができる。

また，この施策はイノベーションの担い手としてベンチャー企業の育成を掲げる一方で，大企業との連携・統合を推進するものと言えるが，これは理論的には，独占資本を基軸とした蓄積体制の強化・再編をもたらす施策と捉えることも可能である。

さて，こうした施策との関連で言えば，日本は従来より大企業と中小企業（特にベンチャー企業）との連携の強化を推進する政策を継続的に実施しているが，特に近年では，各種の租税政策を通じた研究開発の促進が企図されている。ここで具体例として，研究開発税制とオープンイノベーション促進税制を取り上げる。

まず研究開発税制とは，企業が研究開発を行っている場合に，法人税額から

---

18) オープンイノベーション協議会（JOIC），新エネルギー・産業技術総合開発機構（NEDO）編（2020, 1-2頁）。

試験研究費の額に税額控除割合（2%〜14%）を乗じた金額を控除できる制度である[19]。この制度は，民間企業の研究開発投資を維持・拡大することにより，イノベーション創出につながる中長期・革新的な研究開発等を促し，成長力・国際競争力を強化することを目的としている。なお，本制度の政策的根拠としては，研究開発に関するリスクテイクの下支え（研究開発活動は元来，不確実性が存在），国際的なイコールフッティング（海外は直接（補助金等）・間接（税制優遇）の支援策を通じて民間の研究開発投資を強力に促進），分野や主体に関わらない幅広い支援（イノベーションがどのような研究開発から生じるのかは予測困難），研究開発投資のスピルオーバー効果（研究開発は外部に対しても正の波及効果をもたらすため過少投資になりやすい）といった点が挙げられている[20]。

　次にオープンイノベーション促進税制であるが，経済産業省は2020年度の税制改正において，オープンイノベーションの促進を目的とする新たな減税制度として同制度を創設した。具体的には，国内の事業会社または国内CVC（コーポレートベンチャーキャピタル）[21]が，スタートアップ企業とのオープンイノベーションに向けて，スタートアップ企業の新規発行株式を一定額以上取得する場合に，その株式の取得価額の25%が所得控除される仕組みになっている[22]。

　こうした政策が打ち出される背景として，後述するように，日本が海外各国と比べてベンチャーキャピタル投資（およびベンチャーM&A）が相対的に低水準にあり，またユニコーン企業も十分に育っていないことが挙げられる。そして，ハイリスク・ハイリターンな研究開発は非独占資本（特に新興資本）が担い，独占資本がその事業を拡大する，といった役割の分担も期待されている。新興資本のExit戦略（特に事業売却）に関しても，こうした企業間関係の文脈で捉

19）　控除額は，法人税額の25%までと上限が設定されている。

20）　経済産業省「研究開発税制の概要」および「研究開発税制の概要と令和3年度税制改正について」を参照。

21）　Corporate Venture Capital の略称で，事業会社が自己資金でファンドを組成し，主に未上場の新興企業（ベンチャー企業）に出資や支援を行う活動，およびそのための組織を指す。

22）　なお，税制の適用期限は当初は2020年4月1日から2022年3月31日であったが，その後の税制改正を経て，2026年の3月31日まで延長されている。

えることができる。

このように同政策は，短期的・ミクロ的には独占資本と非独占資本（とりわけ新興資本）の双方にとって経済的利益をもたらしうるが，長期的・マクロ的には，次世代の産業を担う主体形成を阻害する可能性も内包している。これら一連の政策が，今後の産業の土壌となる次世代のシーズを枯れさせることなく，持続可能な研究開発体制の構築と発展に資するよう，厳格に検証していく必要がある [23), 24)]。

3. イノベーションをめぐる日本経済の現状と長期停滞

これまでの議論を踏まえた上で，本節では統計資料をもとにイノベーションを取り巻く日本経済の現状を確認し，長期停滞の諸相について検討する。

3-1 特　　許

まずはじめに，イノベーションの成果（知的財産）に関する動向として，特許の出願状況について見ていきたいと思う。図 3-1 は，国・地域別の特許出願状況（居住者・非居住者）を示したものである。日本について見てみると，居住者からの出願は長期的に減少しており，2021 年で 22.2 万件と，ピーク時（2000年の 38.7 万件）の 57.4％程度の水準になっている。他方で，非居住者からの出願については漸増傾向にあり，2000 年が 4.9 万件であったのに対して 2021 年には 6.7 万件に達している。

他の国・地域に転じると，中国の増加が際立っている。同国の出願は非居住者による出願も増加しているが（2021 年で 15.9 万件，出願総数の 10％），それ以

---

23)　オープンイノベーションにおける各ステークホルダーとアカデミアとの間の共創関係の構築に関する実践的な課題と方策について整理したものとして，小野田・伊藤（2024）を参照。

24)　なお補足すると，特許権等の知的財産権の保護強化を推進する政策は，独占的市場構造の合法化を図る施策と見ることもできる。独占資本や独占レント，独占的市場構造の分析を基軸に現代資本主義における格差社会の構造を解き明かす議論として，福田（2021）を参照。

第 3 章　長期停滞下における競争政策の展開　73

図 3-1　主要国の特許出願状況

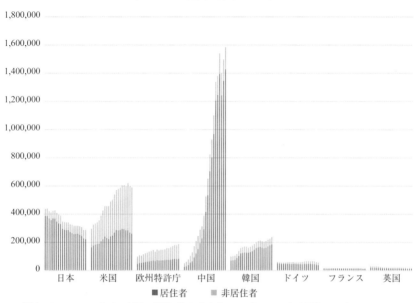

（注）グラフのデータは，各国・地域ごとに左から 2000 年～2021 年を示している。
（出所）科学技術・学術政策研究所「科学技術指標 2023」

上に居住者の伸びが顕著である（同・142.7 万件，90％）。なお，居住者による出願が占める割合は，2010 年代後半以降はおおむね 90％前後で推移している。

次に米国の場合は，非居住者による出願が約半数を占めており，グローバル化が進展していると言える。またこの期間においては，居住者の出願が 2016 年（29.5 万件）をピークに減少に転じている一方で，非居住者の出願が着実に増加しており，2009 年以降は後者が前者を上回る状況が続いている。なお，2021 年の同国の出願は，居住者 26.2 万件（全体の 44.3％）に対し，非居住者 32.9 万件（同・55.7％）となっている。また，総数では 2000 年は 29.6 万件であったが，2021 年で 59.1 万件と倍増している[25]。

25）西村（2023, 214-216 頁）は，米国における 2000 年以降の特許拡大の特徴として，①1 社当たりの登録件数の増加，② IT サービス企業（特に GAFAM）による多数の特許登録，③半導体設計・製造企業のランク上位の獲得，④自動車企業・自動車関連企業の多数出願を挙げている。

こうした傾向は，欧州についても同様に見られる。この地の場合は，2000年の時点ですでに非居住者からの出願が居住者のそれを上回り，居住者が約5万件であるのに対して非居住者が 5.1 万件となっている。その後も入れ替わりがあるものの，おおむね非居住者の出願が半数以上を占める状況が続いており，2021 年では居住者 8.4 万件（44.4%）に対して，非居住者 10.5 万件（55.6%）となっている。なお，英国，フランス，およびドイツについては全体的に同程度の件数で推移しており，停滞または低迷傾向にあると言える。

　最後に韓国は，居住者と非居住者の割合に大きな変化がなく，両者の割合が7：3 程度で推移している一方で，総数が 2000 年の 10.3 万件から 2021 年には23.8 万件と倍に増えており，中国ほどではないものの着実に伸びている。

　総じて見ると，日本の特許の出願状況は先進国のなかでも高い水準にあったが，慢性的な低下傾向が続いている一方で，個別の例外はあるものの，他の国や地域はおおむね増加傾向にあり，日本の停滞・低迷が浮き彫りになる形になっている。

　こうした日本の状況について，特許庁の資料をもとに，詳しく見ていこう。

　まず図 3-2 は，分野別の特許出願数を示したものである。先に確認したように，出願数は全体的に低下しており，2000 年と 2021 年を比較すると 28.6% 低下している。特に目立つのが「物理学」（計算，測定，光学など）で，当部門においては同期間で 3.7 万件（35.9%）減少している。件数的には，「電気」（電気素子，電気通信技術など）の 3.1 万件（35.0%）減，「処理操作・運輸」（運搬，印刷など）の 2.8 万件（39.4%）が続く。また比率の点では，「固定構造物」（建築物，道路，上下水道など）は 54.1%，「機械工学・照明・加熱・武器・爆破」（機関一般，燃焼機関など）は 48.1%，「繊維・紙」（繊維，製紙など）は 44.0% と，低下率が大きい。他方で，化学は 2.9% のマイナスと低下率が小さく，生活必需品は他の部門とは異なり 25.7%（1.1 万件）増加している。

　特に現在の技術革新の中核を担う情報通信技術と密接に関連する分野である物理学や電気で低迷が続いている点は，現在の日本経済の苦境を象徴する事象として把握することができる。

図 3-2 特許出願件数（分野別）

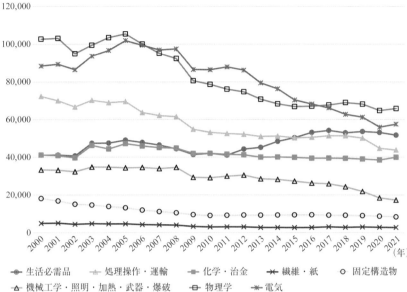

（注）本図の分類は，WIPO が設定した IPC（国際特許分類）を基準に作成された技術分野（IPC AND TECHNOLOGY CONCORDANCE TABLE）に基づいている。
（出所）特許庁「特許行政年次報告書」

次に図 3-3 は，PCT 国際出願の件数の推移を示している。PCT とは Patent Cooperation Treaty（特許協力条約）の略称であり，同条約に従って出願することによって，PCT に加盟するすべての国に，同時に出願したのと同じ効果を与えることが可能になる。

グローバル競争が展開するなかで，各国は国際出願の増加を推進する傾向にあり，日本においても出願数が 2019 年まで漸増していたが（2011 年から 2019 年で約 36％増），コロナ禍にあたる 2020 年以降は微減が続いており，立て直しが求められる状況にあると言える。

しかしながら，企業規模や地域の観点で見ると，やや異なる様相が浮かんでくる。

次の図 3-4 は中小企業の特許件数の推移を捉えたものだが，同企業がこの間，件数を伸ばしていることがわかる。まず特許出願件数は 2010 年 3.3 万件に対

図 3-3 PCT 国際出願件数

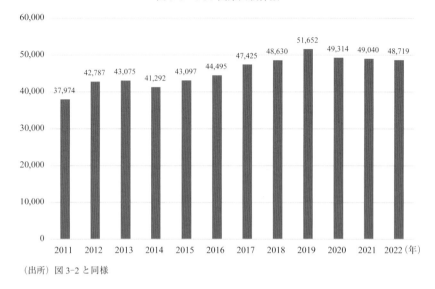

(出所) 図 3-2 と同様

して 2022 年は約 4 万件と，17.9％増加している。出願件数比率も 2010 年の 11.6％から 2022 年には 18.1％となっており，比率が高まっている。次に PCT 国際出願に関しては，こちらも先の図 3-3 と同様に増加しているが，よりその度合いが高く，2010 年とピーク時の 2021 年を比較すると 98.5％増と，ほぼ倍増していることが確認できる。

続いて図 3-5 は，都道府県別の特許出願と PCT 国際出願の状況をまとめたものである。それぞれ実数を計上したグラフであるため，概して東京をはじめ都市部と地方との差が顕著に表れる形になっている。

まず特許出願については，先と同様に，全体として低下傾向を観測することができるが，特に東京（2014 年から 2022 年で 2 万 4,845 件，18.3％減），大阪（同・8,745 件，25.0％減）において減少が著しい。地方についてもおおむね同様の傾向を示す地域が多いが，栃木（同・564 件，126.2％増），徳島（同・93 件，17.4％増），佐賀（同・64 件，43.8％増），長崎（同・46 件，46.0％増）といった増加している地域があり，また水準を維持している地域も複数存在している。この点だけで言えば，いままで集中していた東京（や都市部）から地方への分散が進んでいる

第 3 章 長期停滞下における競争政策の展開 77

図 3-4 中小企業の特許件数の推移

A）特許出願件数

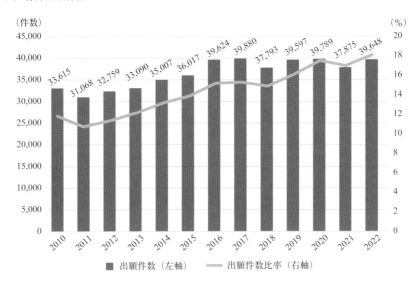

B）PCT 国際出願件数

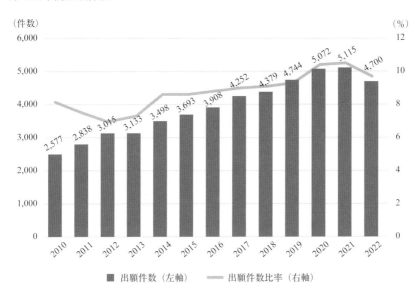

（注）「出願件数比率」は内国人出願における中小企業の出願件数比率。
（出所）図 3-2 と同様

図 3-5　都道府県別の特許出願の状況

A）特許出願件数

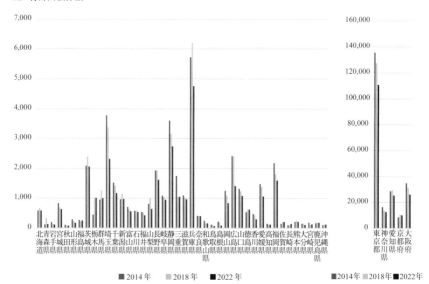

B）PCT 国際出願件数

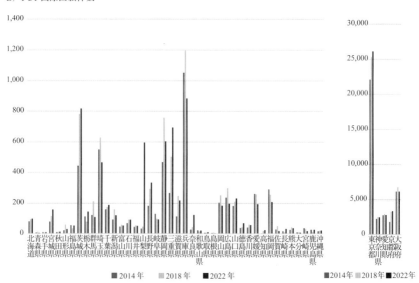

（出所）図 3-2 と同様

と捉えることができる[26]。

　他方で，PCT 国際出願については，さらに異なる傾向が看取できる。まず都市部について見ると，東京は 2014 年から 2022 年の間で 4,020 件・18.2％増加，京都は 1,516 件・82.4％増加しており，全体を牽引していると言えるが，大阪（同・6 件，0.1％増），愛知（同・41 件，1.5％増）は前の期と同程度の水準に留まっている。地方も同じく一様ではなく，山梨（562 件，1,652.9％増），三重（428 件，160.3％増）のように顕著な増加を示す地域がある一方で，兵庫（169 件，16.1％減），埼玉（85 件，15.4％減）のように減少している地域も少なくなく，後者は全体の 3 分の 1 程度を占めている。

　以上を簡潔にまとめると，国内の特許の出願については地方への分散傾向が見られる一方で，国際的な特許の出願に関しては，同様の傾向を含みつつも，東京（および一部の都市）優位の状況が依然として存在していると捉えることができる。

3-2　開廃業，VC 投資

　続いて，イノベーションの主体形成に関わる資本の動向について検討する。

　まず図 3-6 は，各国の開廃業率の推移を示している。元来，日本は他国と比べて両比率が低い水準にあるが，近年でもこの傾向に大きな変化はない。

　一般的には，これらの比率が高いほうがより競争的な市場であり，イノベーションが生まれやすく望ましい市場であると考えられている。だが，持続可能な社会の形成の観点から考えた場合に，この企業の新陳代謝を促すことが当該地域にとって真に望ましい施策か否かについては，それぞれの地域の実情を踏まえ，慎重に見極めていく必要がある。

　次に，図 3-7 は VC（ベンチャーキャピタル）投資の推移を捉えたものである。

---

26)　このグラフの対象期間は，日本創成会議・人口減少問題検討分科会が「消滅可能性都市」を公表し，これを契機に「地方創生」に関する多くの改革が展開された時期と重なる。また，上記の時期以前からの動きとして，構造改革特区などの新自由主義的政策の展開についても考慮に入れる必要があるだろう。

図 3-6　開廃業率の推移

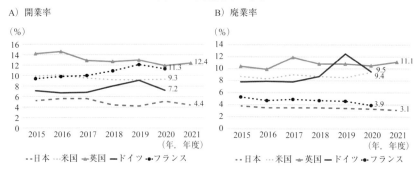

(注) 1. 開業率＝当該年度に雇用関係が新規に成立した事業所数／前年度末の雇用保険適用事業所数。廃業率＝当該年度に雇用関係が消滅した事業所数／前年度末の雇用保険適用事業所数。
2. 国によって統計の性質が異なるため，単純に比較することはできない。
(出所) 中小企業庁「中小企業白書」

　前節で確認した施策の影響もあり，日本においても同投資は増加傾向にあるが，他の国・地域との差は極めて大きい。特に投資額については数倍から数十倍，あるいはそれ以上の差が開いている。件数についても金額ほどではないものの，数倍程度の差がある。これらの事象を踏まえて端的に言えば，日本は投資資金の獲得という点でも後塵を拝する形となっている，と評価することができる。

　そして図 3-8 は，世界のユニコーン企業（評価額が 10 億ドル以上，設立 10 年以内の非上場のベンチャー企業）の数，および企業評価の総額を，主要国・地域について計上したものである。直近のデータのみであるが，この領域でも日本と他国・地域との差は顕著であり，格差が拡がる傾向が続いている[27]。

---

27) 一般的に言えば，日本においてユニコーン企業が少ない原因としては，先の VC にも通じる資金調達の困難性（上場企業を選好する投資家の安定志向）や起業に消極的な社会通念（その反映としての起業家数の伸び悩み）に加え，特有の雇用体系（新卒一括採用など），少子高齢化による人材不足，日本語圏市場の拡張の難しさといったものが挙げられる。

第 3 章　長期停滞下における競争政策の展開　81

図 3-7　VC 投資の推移

A）投資額

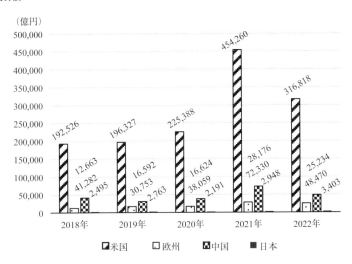

B）投資件数

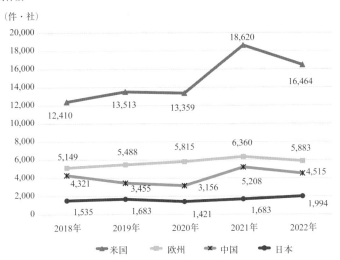

(注) 1. 米国・欧州・中国の投資金額の円換算に際しては 2022 年の各国通貨の平均為替相場（1 ドル＝ 131.50 円，1 ユーロ＝ 138.09 円，1 人民元＝ 19.49 円）で 2018～2022 年のデータを日本円に換算している。
　　 2. 米国・中国は国内投資，欧州・日本は海外投資も含む。
　　 3. 欧州のみ社数，他は件数。
　　 4. 件（社）数については，米国・中国は国内投資，欧州・日本は海外投資も含む。
(出所) ベンチャーエンタープライズセンター「2022 年の VC 投資動向」

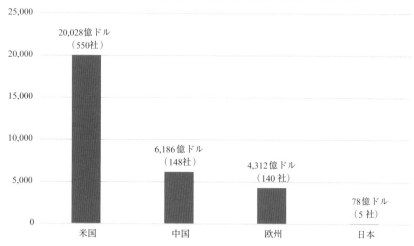

図 3-8　ユニコーン企業の数・企業評価の総額（2024 年 3 月時点）

（出所）CBINSIGHTS「The Complete List Of Unicorn Companies」

3-3　研究・開発人材

　本節の最後に，イノベーションを担う主体の形成に関わって，研究・開発人材の現状について確認したいと思う。

　図 3-9 は，主要国の研究者数の推移を示したものである。日本のデータのうち「HC」は Head Count（実数）の値，「FTE」は Full Time Equivalent（フルタイム当量）の値である。また，他の国・地域については FTE 値である。

　この間，中国と EU は大幅に研究者が増加しており，ともに倍増している。また他の国々についても，おおむね増加傾向にあると言える。他方，日本も HC 値では一定の増加が見られるものの，FTE 値ではほぼ横ばいで推移している[28]。各国の値（FTE 値）と比較すると，全体的に増加傾向が見られる海外と比べ，日本は相対的に停滞基調にあると読み解くことができる[29]。

---

[28]　やや極論になるが，人員数で増えていてもフルタイム換算で増えていないということは，フルタイムがパートタイムに置き換わっている，と捉えることもできるだろう。

[29]　この間の日本における FTE の低迷は，主に教員や予算の減少，若手研究者の減少や教育の負担増を反映したものと考えられる。日本経済新聞「多忙な日本の学者，

図 3-9　主要国の研究者数の推移

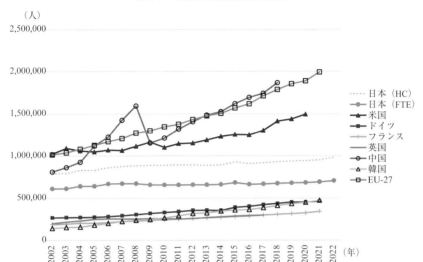

(注) 1. 国の研究者数は各部門の研究者の合計値であり，各部門の研究者の定義や測定方法は国によって異なる場合があるため，比較の際には注意が必要である。
2. 各国の値は FTE 値である。
3. 人文・社会科学を含む（韓国は 2006 年まで自然科学のみ）。
4. 日本は，2001 年以前の値は該当年の 4 月 1 日時点の研究者数，2002 年以降の値は 3 月 31 日時点の研究者数を測定している。
5. ドイツは，1990 年までは旧西ドイツ，1991 年以降は統一ドイツ。
6. 中国の 2008 年までの研究者の定義は，OECD の定義と完全には対応しておらず，2009 年から計測方法を変更している。
(出所) 科学技術・学術政策研究所「科学技術指標 2023」

　この状況については，若年者の人口減などさまざまな要因が背景にあると予想されるため，断定的に論ずることはできないが，研究・開発人材の育成の停滞は，中・長期的には，成長の原動力の喪失を導き出す可能性があることは確かである。こうした状況に対し，まさに持続可能な発展の観点から，若年層の研究者や労働者全般の経済的支援を軸として，人材の育成に寄与する社会シス

そがれる研究時間　科学力低迷の必然」(2023 年 12 月 17 日付) を参照。なお豊田 (2019) は，日本の公的研究の国際競争力が低下した原因は，国立大学法人化後の大学財政政策の潮流である「基盤的資金の削減」と「選択と集中」であり，前者によって研究従事者数が減少したことで論文数が減少し，後者によって多くの選択されなかった部分の研究力が低下したことで日本全体の研究力が低下したことを指摘している。

テムの再構築を志向する必要がある[30), 31)]。

おわりに

　総括すると，資本主義世界における現在の競争政策は，本質的に資本による
独占体制の構築に大きく寄与する要素を多分に有しており，結果的に競争の制
限や格差の拡大を助長するだけでなく，将来の社会的発展のための知的財産や
技術革新の主体の形成と発展を妨げる可能性がある。日本において展開されて
いるイノベーション政策についても，中期的な社会発展の観点から，その真価
を見極めていく必要がある。とりわけイノベーションの主体である労働力の再
生産を重視する観点を抜きにしては，現在の日本社会が抱える病巣，すなわち
経済基盤の地盤沈下（中長期的な競争力の減退＝資本主義経済としての「衰退」）を
克服することは，ますます困難となるだろう。

　真に持続可能な発展を求めていくために，社会に寄与する技術的な革新の主
体を創出するための社会システムの再編（とりわけ，生活面での所得保障の強化），
その成果を人類共通の財産として利活用するための制度的枠組みの構築が求め
られる。

---

30)　労働力再生産の観点で捉えると，本文で述べた状況の改善には，まず若手研究者
　を中心とした労働力の再生産費（労働者家族の生活費）を補填・拡充する施策が不
　可欠の事業であると言える。また研究者の育成事業についても同様で，例えば大学
　院の授業料の無償化や生活費の供与など，研究活動の生活基盤の強化・再構築こそ
　が優先されるべきであると考える。
31)　本文では，イノベーションをもたらす代表的な主体として研究人材を主な対象と
　して取り上げたが，労働過程において日々生み出される無数の創意工夫は，当然の
　ことながら，上記のような専門的な人材だけでなく，むしろそれ以外の労働者によっ
　てもたらされることも多い。この点を重視するならば，この間日本社会で進んでき
　たことは「生産性向上」を錦の御旗とした人減らし（非正規雇用への代替を含む）
　と賃金の抑制であったが，これは元来日本が有していた現場レベルでの創造性を，
　むしろ蝕む方向であったと言える。このような観点から，中長期の社会発展の基盤
　となる確たる生産力を培うためには，労働者を基軸とした社会的な改革，労働者個々
　人の技能を十分に発揮せしめるための労働環境の整備，および労働力再生産費の十
　分な保証が，今後ますます希求されるものと思われる。

参 考 文 献

秋保親成（2022）「研究開発をめぐる国家戦略と資本関係」（『流通經濟大學論集』第 56 巻第 3 号）流通経済大学

オープンイノベーション協議会（JOIC），新エネルギー・産業技術総合開発機構（NEDO）編（2020）「オープンイノベーション白書 第三版―日本におけるイノベーション創出の現状と未来への提言」

小栗崇資・夏目啓二編著（2019）『多国籍企業・グローバル企業と日本経済』新日本出版社

小野田敬・伊藤泰信（2024）「オープンイノベーション／サイエンスにおいて実践するアカデミアの共創―実務的課題と推進方策」（『科学技術社会論研究』第 22 号）科学技術社会論学会

研究開発戦略センター（CRDS）（2021）「研究動向の俯瞰報告書―日本の科学技術イノベーション政策の変遷 2021」

研究開発戦略センター（CRDS）（2022）「研究動向の俯瞰報告書―主要国の研究開発戦略（2022 年）」

研究開発戦略センター（CRDS）（2023）「研究動向の俯瞰報告書―日本の科学技術・イノベーション政策の動向（2023 年）」

後藤邦夫（2017）「「科学技術イノベーション」の思想と政策」（『科学技術社会論研究』第 13 号）科学技術社会論学会

小西一雄（2020）『資本主義の成熟と終焉―いま私たちはどこにいるのか』桜井書店

小林信一（2017）「科学技術イノベーション政策の誕生とその背景」（『科学技術社会論研究』第 13 号）科学技術社会論学会

支え合う社会研究会編（2021）『資本主義を改革する経済政策』かもがわ出版

標葉隆馬（2020）『責任ある科学技術ガバナンス概論』ナカニシヤ出版

渋井康弘（2019）「現代技術とマルクス経済学」（『三田経済雑誌』Vol. 112，No.1）慶應義塾経済学会

姜娟（2009）「「イノベーション政策」の概念変化に関する考察―OECD の政策議論を中心とする」（『研究技術計画』Vol. 23，No. 3）研究・技術計画学会

関下稔（2010）「21 世紀アメリカの競争力強化思想の旋回―「イノベートアメリカ」の深層に迫る―」（『立命館国際研究』23 巻 1 号）立命館大学国際関係学会

豊田長康（2019）「国際環境の変化―論文数の分析より」（『日本物理学会誌』第 74 巻第 5 号）日本物理学会

西村成弘（2023）「知的財産制度と IT サービス産業」河音琢郎・豊福裕二・野口義直・平野健編著『21 世紀のアメリカ資本主義―グローバル蓄積構造の変容』大月書店

西村吉雄（2017）「イノベーション再考」（『科学技術社会論研究』第 13 号）科学技術社会論学会

日本経済新聞「多忙な日本の学者，そがれる研究時間　科学力低迷の必然」（2023 年 12 月 17 日付）

野中郁次郎・竹内弘高著，梅本勝博訳（1996）『知識創造企業』東洋経済新報社

原山優子・新田容子（2011）「社会的課題に資する科学技術イノベーション政策」（『科学技術社会論研究』8 号）科学技術社会論学会

福田泰雄（2021）『格差社会の謎─持続可能な社会への道しるべ』創風社

藤田実（2014）『日本経済の構造的危機を読み解く─持続可能な産業再生を展望して』新日本出版社

村上研一（2024）『衰退日本の経済構造分析─外需依存と新自由主義の帰結』唯学書房

文部科学省（2023）「令和 5 年版科学技術・イノベーション白書」

Chesbrough, Henry W.（2003），*Open Innovation: The New Imperative for Creating and Profiting from Technology*, HBS Press（大前恵一朗訳（2004）『OPEN INNOVATION ─ハーバード流イノベーション戦略のすべて』産業能率大学出版部）

Christensen, Clayton M.（1997），*The Innovator's Dilemma: When New Technologies Cause Great Firms to Fail*, Harvard Business School Press（伊豆原弓訳（2000）『イノベーションのジレンマ』翔泳社）

Drucker, Peter F.（1954），*The Practice of Management*, Harper & Brothers（野田一夫監修，現代経営研究会訳（1965）『現代の経営』ダイヤモンド社）

Jessop, Bob（2002），*The Future of the Capitalist State*, Polity Press, Cambridge（中谷義和監訳（2005）『資本主義国家の未来』御茶の水書房）

Keeley, Larry et al.（2013）*Ten Types of Innovation: The Discipline of Building Breakthroughs,* Wiley（平野敦士カール監修，藤井清美訳（2014）『ビジネスモデル・イノベーション─ブレークスルーを起こすフレームワーク 10』）

Moore, Geoffrey A.（1991），*Crossing the Chasm: Marketing and Selling High-Tech Products to Mainstream Customers*, Harper Business Essentials（川又政治訳（2002）『キャズム─ハイテクをブレイクさせる超マーケティング理論』翔泳社）

O'Reilly III, Charles A. and Michael L. Tushman（2016），*lead and disrupt how: to solve the innovator's dilemma,* Stanford Business Books（入山章栄監訳，冨山和彦解説，渡部典子訳（2019）『両利きの経営─「二兎を追う」戦略が未来を切り拓く』

Schumpeter, Joseph A.（1912），*Theorie der wirtschaftlichen Entwicklung*, Duncker & Humblot, Berlin（塩野谷祐一・中山伊知郎・東畑精一訳（1977）『経済発展の理論─企業者利潤・資本・信用・利子および景気の回転に関する一研究』岩波書店）

第 4 章

大手鶏卵会社の組織体犯罪とグローバル資本主義

前 島 賢 士

は じ め に

　筆者は，以前，職場仲間の下位文化に注目して，従業員窃盗（従業員が，雇用されている会社の財物を職務の過程で盗むこと）を考察した[1]。

　筆者は本を出版して，銀行業界の業界イデオロギーに注目して，大手都市銀行行員の職務犯罪（出資法違反）を考察した。また，証券業界の業界イデオロギーに注目して，大手証券会社社員の職務犯罪（業務上横領の共犯と詐欺）を考察し，大手製紙会社のイデオロギーに注目して，大手製紙会社会長の職務犯罪（特別背任）を考察し，現代資本主義社会のイデオロギーに注目して，オリンパスの組織体犯罪（有価証券報告書の虚偽記載）を考察した。さらには，東芝のイデオロギーに注目して，東芝の不正会計を考察し，日本大学アメリカンフットボール部のイデオロギーに注目して，日本大学アメリカンフットボール部悪質タックル事件を考察した。これらの研究に関して詳しくは，拙著[2]を読んでいただきたい。

　さらに，筆者は，労働者階級のイデオロギーに注目して，食品会社社員の職

---

1) 　前島賢士（1999）「従業員窃盗の研究」（『大学院研究年報文学研究科篇』（中央大学大学院）第 28 号），161-171 頁。
2) 　前島賢士（2020a）『日本のホワイトカラー犯罪』学文社。

務犯罪（偽計業務妨害）を考察した[3]。

また，振袖の販売・貸出会社であるはれのひのイデオロギーに注目して，はれのひの組織体犯罪（詐欺）を考察した[4]。

そして，農林水産大臣のイデオロギーに注目して，農林水産大臣の職務犯罪（収賄）を考察した[5]。

本章では，大手鶏卵会社（以下，Ａ鶏卵会社）の組織体犯罪を考察する。Ａ鶏卵会社の組織体犯罪とは，Ａ鶏卵会社による贈賄である。本章の考察にあたっては，新聞を資料として用いる。資料として用いる新聞は，朝日新聞東京版，毎日新聞東京版，読売新聞東京版，日本経済新聞である。

本章でも，これまでの筆者の研究と同様に，ホワイトカラー犯罪を「職務犯罪（occupational crime）」と「組織体犯罪（organizational crime）」の 2 つに分ける。そして，組織体犯罪を次のように定義する。

〈組織体犯罪とは，合法的な職業についている人物が，組織の利益を目的としてその職業上行う行為から構成される，合法的な組織を主体とする合法的な組織自体の犯罪である〉

組織体犯罪としては，公害，薬害，独占禁止法違反などが挙げられる。

なお，職務犯罪に関しては，次のように定義する。

〈職務犯罪とは，合法的な職業についている人物が，個人的な利益を目的としてその職業上犯す犯罪である〉

職務犯罪としては，業務上横領，従業員窃盗，特別背任などが挙げられる。

本章の組織体犯罪，職務犯罪の定義は，クリナードとクィニィの職務犯罪と企業犯罪（corporate crime）の定義[6]，コールマンの職務犯罪と組織体犯罪の定義[7]，板倉の組織体犯罪の定義[8]を参考にしている。

---

3) 前島賢士（2021）「食品会社社員の職務犯罪」（『中央大学経済研究所年報』第 53号（Ⅰ）），133-154 頁。

4) 前島賢士（2022）「はれのひの組織体犯罪」（『獨協経済』第 112 号），27-37 頁。

5) 前島賢士（2023）「農林水産大臣の職務犯罪」（『獨協経済』第 115 号），49-58 頁。

6) Clinard, M.B. and R.Quinney（1973），*Criminal Behavior Systems, 2nd ed.*, Holt, Rinehart and Winston, p. 188.

1. 事件のあらまし

本章では，組織体犯罪である A 鶏卵会社による贈賄を考察する。A 鶏卵会社による贈賄の事件の概略を新聞での報道から見ていく。

東京地方裁判所の判決によると，「A 鶏卵会社の前代表（以下，代表 A）は 2018 年 11 月～2019 年 8 月，農林水産大臣（以下，農林水産大臣 B）に対し，東京都内のホテルや大臣室で 3 回にわたり現金計 500 万円を提供。2019 年には，農林水産大臣 B 側や元法務大臣だった元衆院議員（以下，法務大臣 C）側の政治資金パーティー券を，A 鶏卵会社以外の名義に偽って，それぞれ計 300 万円と計 234 万円分購入した。判決は，賄賂の提供による政策判断自体への影響は認めなかった一方，養鶏業者と農水省担当者間の打ち合わせや，国会議員を交えた陳述会議の開催といった便宜供与が行われたと指摘」[9]。

「東京地方裁判所の判決はまず，現金提供の背景や動機を検討。国際獣疫事務局が 2018 年秋，養鶏について，巣箱や止まり木の設置など『アニマルウェルフェア（AW，動物福祉）』に配慮した指針案を示したことを受け，代表 A が『養鶏業者は設備の変更を迫られ，壊滅的な打撃を受ける』と懸念していたと指摘した。判決によると，代表 A は 2018 年 11 月～2019 年 8 月，農林水産大臣だった農林水産大臣 B に東京都内のホテルや大臣室で 3 回にわたり計 500 万円を提供。2019 年には農林水産大臣 B 側や法務大臣 C 側の政治資金パーティー券を，A 鶏卵会社の従業員らの名義に偽って，計 534 万円分購入した」[10]。

東京地方裁判所の判決によると，「代表 A は 2018 年 11 月～2019 年 8 月に計 3 回，農林水産大臣 B に大臣室などで計 500 万円を提供した。日本の飼育手法に否定的な飼育基準を示した国際機関に反対するよう求めたり，養鶏業者に対する政府系金融機関の融資条件の緩和を依頼したりした」[11]。

---

7) Coleman, J.W.（1985），*The Criminal Elite*, St. Martin's Press, p. 8.
8) 板倉宏（1988）「組織体犯罪研究の現状と展望」（『犯罪社会学研究』第 13 号），19-41 頁。
9) 『読売新聞』2021 年 10 月 6 日夕刊。
10) 『読売新聞』2021 年 10 月 7 日朝刊。

90

　東京地方裁判所の判決によると，「代表 A は 2018 年 11 月〜2019 年 8 月に計
3 回，農林水産大臣 B に大臣室などで計 500 万円を渡した。日本の飼育手法に
否定的な飼育基準を示した国際機関に反対するよう求めたり，養鶏業者に対す
る政府系金融機関の融資条件の緩和などを依頼したりした。判決は，A 鶏卵会
社が会社として購入した農林水産大臣 B と法務大臣 C の政治資金パーティー
券計 534 万円分を，複数の社員がそれぞれ買ったように偽った政治資金規正法
違反の罪については『悪質だ。常習性も認められる』と述べた」[12]。

　東京地方裁判所の判決によると，「代表 A は農林水産大臣 B に大臣在任中の
2018 年 11 月〜2019 年 8 月，大臣室などで 3 回にわたり計 500 万円を渡した。
2019 年 2 月と 8 月，法務大臣 C と農林水産大臣 B がそれぞれ開いた政治資金パー
ティーで，A 鶏卵会社が購入した計 534 万円分のパーティー券を，社員らの個
人名義で購入したように装った。判決は，国際獣疫事務局が 2018 年 9 月，家
畜をストレスのない状態で飼育する『アニマルウェルフェア（動物福祉）』を巡っ
て日本に厳しい国際基準案を示したことから，代表 A が『養鶏業者が壊滅的
な打撃を受けると懸念した』と指摘。2018 年 11 月と 2019 年 3 月に渡した計
400 万円は，農林水産省が基準案への反対意見を取りまとめたことへの謝礼な
どの趣旨だったとした」[13]。

　「東京地方裁判所の判決公判で，裁判長は，一連の贈賄工作は『重要な政策
判断に強い影響を及ぼそうとしたものだ』と指摘し，飼育指針案を巡っては『養
鶏業者と農水省担当者の打ち合わせや，国会議員を加えた陳情会議の開催とい
う前例のない便宜供与があった』と述べた。判決によると，代表 A は 2018 年
11 月〜2019 年 8 月，便宜を図ってもらいたいとの趣旨などで大臣在任中の農
林水産大臣 B に現金 500 万円を提供した」[14]。

　「鶏卵事業を巡る汚職事件で，贈賄罪などに問われた A 鶏卵会社前代表の代

11）　『朝日新聞』2021 年 10 月 6 日夕刊。

12）　『朝日新聞』2021 年 10 月 7 日朝刊。

13）　『毎日新聞』2021 年 10 月 7 日朝刊。

14）　『日本経済新聞』2021 年 10 月 6 日夕刊。

表 A（87）の公判が 2021 年 8 月 6 日，東京地方裁判所であり，被告人質問が行われた。代表 A は農林水産大臣 B（70）（収賄で公判中）に 500 万円の賄賂を渡したとする起訴事実について，『盆暮れに現金を渡していたことの延長だったが，大変うかつで反省している』と謝罪した。検察側の質問には『賄賂と言われると抵抗があるが，法律に違反した以上は責任をとりたい』と答えた」[15]。

　「農林水産大臣在任中の農林水産大臣 B（70）に計 500 万円の賄賂を渡したとして，贈賄罪などに問われた鶏卵大手『A 鶏卵会社』の代表 A（87）の公判が 2021 年 8 月 6 日，東京地方裁判所であった。被告人質問で代表 A は，現金提供は『業界に尽力してもらうためだった』と述べた。2018 年 10 月から 2019 年 9 月まで大臣在任中に現金 500 万円を提供した理由について『盆暮れの延長線上で渡してしまった』と語った一方，『業界を支援してもらった感謝の気持ちがあった。現金を渡したことは後悔している』とも述べた」[16]。

　「元農相で元衆院議員の農林水産大臣 B（70）に現金計 500 万円を渡したなどとして，贈賄罪などに問われた大手鶏卵生産会社『A 鶏卵会社』グループ元代表の代表 A（87）は 2021 年 8 月 6 日，東京地方裁判所で開かれた被告人質問で『養鶏業界の諸問題を勉強してもらいたい一心だった。法律に違反し，責任を取る』と述べた。代表 A は初公判で起訴内容を認めたが，500 万円の趣旨については『賄賂と言われるのは抵抗がある』と複雑な心境ものぞかせた。検察側から捜査段階で贈賄容疑を認めたことを問われると，『調書にサインした以上，私の責任。世間を騒がせたことについて反省している』と陳謝した」[17]。

　「代表 A は 2021 年 8 月の被告人質問で『養鶏を勉強し，尽力してもらいたい気持ちで差し上げた』と現金提供の動機を語った。贈賄罪に問われた大臣在任中の 3 回（計 500 万円）のほか，就任前に 9 回，退任後も 2 回現金を渡したとし，『世の中を騒がせたことを深く反省している』と述べていた」[18]。

15）『読売新聞』2021 年 8 月 7 日朝刊。
16）『朝日新聞』2021 年 8 月 7 日朝刊。
17）『毎日新聞』2021 年 8 月 7 日朝刊。
18）『日本経済新聞』2021 年 10 月 6 日夕刊。

92

「大手鶏卵会社『A 鶏卵会社』側から計 500 万円の賄賂を受け取ったとして，収賄罪に問われた農林水産大臣 B（70）の公判が 2021 年 9 月 13 日，東京地方裁判所であった。証人出廷した代表 A（87）（贈賄罪などで公判中）は贈賄の意図を認めた上で，『農林水産大臣 B には，農林水産省内の意見調整を期待した』と述べた。代表 A は検察側の尋問に，養鶏の環境整備に関する国際機関の指針案に危機感を抱いたとした上で『大臣として業界を支援してほしかった』と説明。1 回目の現金提供後に政府が指針案に反対するコメントを提出したことを『安堵した。（働きかけた）かいがあった』と振り返った。ただ，3 回目の現金授受には中小養鶏業者への融資条件を緩和させる目的もあったとする検察側の主張については，『具体的に何かを依頼したことはない』と発言」[19]。

「大臣在任中に鶏卵業者から計 500 万円の賄賂を受け取ったとして収賄罪に問われた農林水産大臣 B（70）の第 2 回公判が 2021 年 9 月 13 日，東京地方裁判所であった。贈賄側の業者が出廷し，渡した金は『盆暮れのあいさつや大臣の就任祝いだった』としつつ，一定の賄賂性も認めた。証人は鶏卵大手『A 鶏卵会社』の代表 A（87）＝贈賄罪で分離公判中＝で，この日は検察側が尋問した。代表 A は 2013 年に知り合った農林水産大臣 B に対し，『業界のためになる』と考えて盆暮れに現金を渡すようになったと振り返った。そのうえで大臣在任中の 500 万円の趣旨について説明した。2018 年 11 月の 200 万円は『大臣の就任祝い。それに暮れなので』と証言。『業界の諸問題を支援してほしいという気持ちは』と聞かれると『心の中にはあった』と答え，国際機関が策定した鶏の飼育基準案に反対してもらう趣旨も『含まれる』と述べた。2019 年 3 月と同 8 月の計 300 万円の趣旨もほぼ同様としたが，政府系金融機関の融資条件の緩和については，やり取りは『記憶にない』と答えた」[20]。

「大臣在任中に現金計 500 万円を受け取ったとして収賄罪に問われた元農相で元衆院議員の農林水産大臣 B（70）の公判が 2021 年 9 月 13 日，東京地方裁判所で開かれ，贈賄側の大手鶏卵生産会社『A 鶏卵会社』グループ元代表，代

---

19)　『読売新聞』2021 年 9 月 14 日朝刊。
20)　『朝日新聞』2021 年 9 月 14 日朝刊。

表 A（87）＝贈賄罪で公判中＝が検察側の証人として出廷した。『養鶏業界の諸問題を大臣の立場で支援してほしかった』などと述べ，現金提供に賄賂の趣旨があったことをおおむね認めた。証言によると，代表 A は 2018 年 11 月に開かれた『大臣就任お祝いの会』で，トイレに向かった農林水産大臣 B を追いかけ，『お祝いです』と言って上着のポケットに現金 200 万円が入った茶封筒をねじ込んだ。農林水産大臣 B は少し慌てた様子だったという。2019 年 3 月には大臣室で『要望書です』と言って，現金 200 万円が入った茶封筒をソファに置いて帰った。当時は，養鶏の飼育基準を巡って国際獣疫事務局が日本に不利な国際基準案を示しており，代表 A は『国際基準案を含む諸問題を支援してほしかった』などと証言した。一方，2019 年 8 月に渡した 100 万円については，検察側は政府系金融機関の貸し付け条件を緩和してほしいとの趣旨だったと主張しているが，代表 A は『お願いしたかもしれないが，印象にない』などと述べた」[21]。

「鶏卵生産大手『A 鶏卵会社』グループ元代表，代表 A（87）から計 500 万円の賄賂を受け取ったとして，収賄罪に問われた元農相，農林水産大臣 B（70）の第 2 回公判が 2021 年 9 月 13 日，東京地方裁判所であり，出廷した代表 A は大臣室での 2 度の現金提供について『茶封筒に入れ「要望書です。読んでおいてください」とソファか肘掛けに置いた』と証言した」[22]。

2．正 当 化

ホワイトカラー犯罪の研究においては，犯罪者による正当化もしくは中和化，合理化に注目したものが多い。コールマンのホワイトカラー犯罪の研究[23]，フリードリクスのホワイトカラー犯罪の研究[24]，グリーンの職務犯罪の研究[25]，

21）『毎日新聞』2021 年 9 月 14 日朝刊。

22）『日本経済新聞』2021 年 9 月 14 日朝刊。

23） Coleman, J.W.（1994）, *The Criminal Elite, 3rd ed.*, St. Martin's Press（板倉宏監訳（1996）『犯罪〈クリミナル〉エリート』シュプリンガー・フェアラーク東京，270-279 頁）.

24） Friedrichs, D.O.（1996）, *Trusted Criminals*, Wadsworth（藤本哲也監訳（1999）『ホワイトカラー犯罪の法律学』シュプリンガー・フェアラーク東京，359-361 頁）.

94

新田のホワイトカラー犯罪の研究[26]，ロソフとポンテルとティルマンのホワイトカラー犯罪の研究[27]。本章でも，犯罪者による正当化に注目する。

A鶏卵会社の前代表である代表Aの裁判などにおいても，犯行の正当化が見られる。

本章では，クレッシーの横領犯の合理化の考察[28]，サイクスとマッツアの中和の技術の考察[29]，マッツアの中和の考察[30]，スコットとライマンの釈明（弁解と正当化）の考察[31]，ヒューイットとストークスの事前否認の考察[32]，コールマンのホワイトカラー犯罪における正当化の考察[33] を参考にして「正当化」を次のように定義する。

〈正当化とは，社会や集団からの制裁を和らげやすい動機の戦略的な表明もしくは内面化である〉

この場合の社会や集団は国家から産業，業界，企業，職場集団までを含む。集団の成員には正当化を行う本人自身も含まれる。制裁には国家の刑罰から，社会からの非難，業界団体が自主的に課す制裁，会社からの懲戒処分，職場仲間からの非難，そして，正当化を行う本人自身の良心の呵責まで含まれる。犯罪行為を犯す者は自他からの制裁を和らげるために正当化を行う。正当化は，自他からの制裁という犯罪の統制要素を弱める。正当化によって犯罪は促進さ

---

25) Green, G.S.（1997），*Occupational Crime*, 2*nd ed.*, Nelson-Hall, pp. 77-81.

26) 新田健一（2001）『組織とエリートたちの犯罪』朝日新聞社，69-74頁。

27) Rosoff, S.M. and Pontell, H.N., Tillman, R.（2014），*Profit Without Honor*, Pearson Education（赤田実穂・川崎友巳・小西暁和訳（2020）『アメリカのホワイトカラー犯罪』成文堂，956-958頁）.

28) Cressey, D.R.（1953），*Other People's Money*, The Free Press, pp. 93-138.

29) Sykes, G.M. and Matza, D.（1957），"Techniques of Neutralization", *American Sociological Review*, Vol. 22, No. 6, pp. 664-670.

30) Matza, D.（1964），*Delinquency and Drift*, Wiley John & Sons（非行理論研究会訳（1986）『漂流する少年』成文堂）.

31) Scott, M.B. and Lyman, S.M.（1968），"Accounts", *American Sociological Review*, Vol. 33, No. 1, pp. 46-62.

32) Hewitt, J.P. and Stokes, R.（1975），"Disclaimers", *American Sociological Review*, Vol. 40, No. 1, pp. 1-11.

33) Coleman（1994），270-279頁。

第 4 章 大手鶏卵会社の組織体犯罪とグローバル資本主義 95

れる。

新聞で報道された，A 鶏卵会社の前代表である代表 A の語りから，代表 A による犯行の正当化として「養鶏業界の諸問題を勉強してもらいたい一心だった」が挙げられる。代表 A は，自身の犯行を「養鶏業界の諸問題を勉強してもらいたい一心だった」と正当化して，自身の良心の呵責を和らげて，他者からの制裁も和らげようした。

3. 正当化のよりどころである反グローバリズム

以上見てきた「養鶏業界の諸問題を勉強してもらいたい一心だった」という A 鶏卵会社の前代表である代表 A の正当化は，A 鶏卵会社のイデオロギーである反グローバリズムをよりどころにしている。

なお，反グローバリズムというイデオロギーを見る前に，イデオロギーに関して論述しておく。

マルクスとエンゲルスのイデオロギー論[34]とエンゲルスのイデオロギー論[35]，マンハイムのイデオロギー論[36]，アルチュセールのイデオロギー論[37]，イーグルトンのイデオロギー論[38]を参考にして，筆者はイデオロギーを次のよう

---

34) Marx, K.und Engels, F.（[1845-1846] 1958）: Karl Marx-Friedrich Engels Werke, Band 3: Institut für Marxismus-Leninismus beim ZK der SED, Dietz Verlag（大内兵衛・細川嘉六監訳（1963）『マルクス＝エンゲルス全集第 3 巻』（『ドイツ・イデオロギー』）大月書店，22 頁）.

35) Engels, F.（[1878] 1962）: Karl Marx-Friedrich Engels Werke, Band 20: Institut für Marxismus-Leninismus beim ZK der SED, Dietz Verlag（大内兵衛・細川嘉六監訳（1968）『マルクス＝エンゲルス全集第 20 巻』（『反デューリング論』）大月書店，99 頁）.

36) Mannheim, K.（1931）: Wissenssoziologie, in: Handwörterbuch der Soziologie, herausgegeben von Alfred Vierkandt（秋元律郎訳（1973）「知識社会学」秋元律郎・田中清助訳『知識社会学』青木書店，154-155 頁）.

37) Althusser, L.（1965）, *Pour Marx*, Maspero（河野健二・田村俶・西川長夫訳（1994）『マルクスのために』平凡社，415 頁）.

38) Eagleton, T.（1981）, *Walter Benjamin or Towards a Revolutionary Criticism*, Verso（有満麻美子・高井宏子・今村仁司訳（1988）『ワルター・ベンヤミン』勁草書房，190-191 頁）. Eagleton, T.（1990）, *The Ideology of the Aesthetic*, Basil Blackwell（鈴木聡・藤巻明・新井潤美・後藤和彦訳（1996）『美のイデオロギー』紀伊國屋書店，136-137 頁）. Eagleton, T.（1991）, *Ideology*, Verso（大橋洋一訳（1999）『イデオロギーとは何か』平

に定義する。

〈イデオロギーは，人間が自らの実在条件との関係をどのように生きるかというその方法を「地図」という形で表明する行為遂行的言説である〉

アルチュセールとイーグルトンのイデオロギー論に関して，詳しくは拙稿[39]と拙著[40]を参照願いたい。

イデオロギーは，人間が自らの実在条件との関係をどのように生きるかというその方法を表明し，人間自身に対して自分の生きる道を示すような「地図」を提供する。また，イデオロギーは，呪いや説得，祝福といった何かことをなす言語行為である行為遂行的言説に属するものである。

先ほど見た犯罪の正当化とイデオロギーとの関連を考察すると，次のようになる。犯罪を行う者は，その犯罪に関して，社会のイデオロギーをよりどころとした正当化を行って，社会からの制裁，非難を和らげる。さらに，行為者自身も社会に属する者であるから，行為者自身の良心の呵責も弱める。社会のイデオロギーは，正当化を通して，自他からの制裁という犯罪の統制要素を弱める。

以上，イデオロギーに関して論述してきたので，次に，「養鶏業界の諸問題を勉強してもらいたい一心だった」というA鶏卵会社の前代表である代表Aの正当化のよりどころである，反グローバリズムというA鶏卵会社のイデオロギーを考察する。本章では，「反グローバリズム」を次のように定義する。

〈反グローバリズムとは，グローバル化を否定，もしくは，批判するイデオロギーである〉

代表AはA鶏卵会社の代表であったことから，反グローバリズムというA鶏卵会社のイデオロギーを持っていた。新聞の報道から，代表Aが反グローバリズムというA鶏卵会社のイデオロギーを持っていたことを確認する。

凡社，56-57頁，315頁）. Eagleton, T. (2003), *The Sweet Violence,* Blackwell（森田典正訳（2004）『甘美なる暴力』大月書店，83-84頁）.

39) 前島賢士（2007）「住宅業界の業界イデオロギーとしての営業重視主義の研究」（『桐朋学園大学研究紀要』第33号），129-139頁。

40) 前島（2020a），171-184頁。

「代表Aは検察側の尋問に，養鶏の環境整備に関する国際機関の指針案に危機感を抱いたとした上で『大臣として業界を支援してほしかった』と説明。1回目の現金提供後に政府が指針案に反対するコメントを提出したことを『安堵した。（働きかけた）かいがあった』と振り返った」[41]。

　以上見てきたように，A鶏卵会社の代表であった代表Aは反グローバリズムというA鶏卵会社のイデオロギーを持っていた。そして，代表Aは，犯行に関して，反グローバリズムをよりどころとした「養鶏業界の諸問題を勉強してもらいたい一心だった」という正当化を行ったのである。

4.　反グローバリズムをもたらす実在条件

　ここでは，反グローバリズムというA鶏卵会社のイデオロギーを理解するために，A鶏卵会社の実在条件を見てみる。

　日本を含めた現代の資本主義は，グローバル資本主義，情報資本主義，金融化資本主義と言われている。

　A鶏卵会社は現代の日本の企業であることから，A鶏卵会社の実在条件としてグローバル資本主義が挙げられる。

　ここで，グローバル資本主義に関して考察していく。

　鶴田によれば，「20世紀の80年代ごろから21世紀にかけての世界を特徴づけている最も重要な政治経済的現象は，グローバリゼーションである。この現代のグローバリゼーションの中での資本主義のあり方（存在様式）が，グローバル資本主義にほかならない。グローバリゼーションは，まず，資本・商品・サービス・労働力・技術・情報といった諸資源の国際的移動の増大といった実態にあらわれている」[42]。

　また，鶴田によれば，「1970年代における金・ドル交換の停止，第一次石油危機そしてスタグフレーションは，第二次世界大戦後の現代資本主義の発展に

---

41)　『読売新聞』2021年9月14日朝刊。
42)　鶴田満彦（2005）「グローバル資本主義」鶴田満彦編著『現代経済システム論』日本経済評論社，62-77頁。

おける分水嶺となった。これらを契機にして，とくに先進資本主義国において
は，産業構造は重化学工業中心から軽薄短小の情報技術関連産業中心に転換
し，雇用・労働のあり方も個別分散的・伸縮的となり，変動相場制の採用によ
る金融の自由化，資本移動の自由化によって経済の金融化が進み，経済政策も
ケインズ主義的需要管理政策から新自由主義が主流を占めてくるのである。こ
のような変質を遂げた現代資本主義の新たな局面をわれわれは，『グローバル
資本主義』と呼んでいる。1990 年前後のソ連・東欧の体制転換と湾岸戦争に
おける米国の勝利は，グローバル資本主義における米国の主導性を決定づけ
た」[43]。

　柴垣によれば，「グローバル資本主義の本質は，新自由主義による国際的な
為替及び資本取引の自由化を背景として，先進諸国の超国籍・多国籍企業に顕
著にみられる海外直接投資と生産の国外移転（海外へのアウトソーシング）が，
BRICs に代表される新興工業諸国の工業化と結びつくことによって，資本主義
の基本的矛盾の基礎をなす労働力商品の供給制約が大幅に解除されたところに
求められる。グローバル資本主義の一環としての産業グローバリゼーションの
本格化は，1990 年代以降の BRICs の工業化と結びついたものであるが，その
直接の前史は 1970 年代の NIEs における工業化政策の輸入代替から輸出志向
への転換と，その具体化として推進された『工業特区』の設置，そこへの外資
の積極的導入に始まる。NIEs の経験は，1980 年代以降は ASEAN 諸国に引き
継がれ，さらに 1990 年代以降は BRICs に引き継がれ，今日に至る産業グロー
バリゼーションをもたらした」[44]。

　飯田によれば，「グローバリゼーションはまず最初の流通過程『貨幣 1―商
品 1』のプロセスにおいて『経営資源調達の国際化』として捉えられ，ついで
その生産過程において『生産の国際化』として，そして最終段階の流通過程『商
品 2―貨幣 2』において『商品販売の国際化』として捉えられる。つまり，こ

---

43)　鶴田満彦（2009）『グローバル資本主義と日本経済』桜井書店，21 頁，153-154 頁。
44)　柴垣和夫（2008）「グローバル資本主義の本質とその歴史的位相」（『政経研究』第
　　90 号），3-14 頁。

の調達，生産，販売という 3 つの資本の活動領域における国際化がグローバリゼーションの特質なのである。生産の国際化は，各個別資本にとってはいわゆる世界最適地『生産』を追求する形で展開される。そして，それを可能にする客観的技術的条件も，この段階ではコンピュータ制御生産によって，世界のどこに拠点を移しても本国と同じような生産を可能にする技術がすでに確立されているということも重要である」[45]。

また，飯田によれば，「現代資本主義は，1970 年代を境に，現代資本主義の前半期の福祉国家体制から現代資本主義の後半期のグローバル資本主義という新しい時代に移行していく。もっとも，この新しい時代への移行が誰の目にも明らかになったのは，1990 年代の初頭にソ連・東欧の社会主義体制が崩壊し，いわば地球規模での資本主義化を背景としてグローバルな大競争（『メガ・コンペティション』）が展開されるようになってからであろう」[46]。

河村によれば，「『グローバル資本主義』の現象の重要な側面の一つは，市場経済が世界的に拡大し，世界をすべて覆うかに現われていることである。経済思想的にも『市場（原理）主義』が大きく力を増している。それは，戦後パックス・アメリカーナに特徴的であった，資本主義経済過程に対する国家機能が後退し，市場経済が社会経済のますます幅広い領域に拡大し，地理的にも世界的に拡大している事態である」[47]。

また，河村によれば，「『グローバル資本主義』の展開は，『パックス・アメリカーナ段階』の『変質期』としてその歴史的位相が理論的に解明できる。すなわち，『グローバル資本主義』とは，パックス・アメリカーナ段階の中心を占めたアメリカの，『持続的成長』をもたらした戦後の資本蓄積体制が，1960 年代末から衰退し，大きく再編・転換する関係を基本動因とするものと捉えることができる。しかもそのプロセスは，グローバルな規模の資本蓄積体制とし

---

45) 飯田和人（2010）「グローバル資本主義の理論構造とその特質」飯田和人編著『危機における市場経済』日本経済評論社，23-62 頁。
46) 飯田和人（2011）『グローバル資本主義論』日本経済評論社，215 頁。
47) 河村哲二（2003）「戦後パックス・アメリカーナの転換と「グローバル資本主義」」SGCIME 編『世界経済の構造と動態』御茶の水書房，3-45 頁。

て『グローバル成長連関』の出現を伴いながらも，その制度不備・システム欠陥から，グローバル金融危機・経済危機を発現させた」[48]。

以上の鶴田，柴垣，飯田，河村の考察から，筆者はグローバル資本主義を次のように定義する。

〈グローバル資本主義とは，資本の移動が国際的に，全面的に自由で，調達や生産，販売が国際化し，最適地で調達や生産，販売が行われる独占資本主義である〉

グローバル資本主義が登場したのは，1991 年のソ連崩壊によるソ連型社会主義の崩壊時である。

ここでは，ブレナーの第 2 次世界大戦後の先進資本主義諸国の経済分析[49]に基づき，現在の日本企業の実在条件であるグローバル資本主義を考察していく。

ブレナーの分析を図式化すると次のようになる。「世界的な生産規模拡大（コストが相対的に低い後発国製造業者の世界市場への進出と，コストは相対的に高いが大量の支払い済みの固定資本と占有権のある資産（納入業者や顧客との間で長年築き上げてきた関係，長年にわたって積み上げてきた技術的知識）を持つ先発国製造業者の世界市場からの退出の拒否）→世界的な過剰生産→国際競争の激化→価格低下→利潤率低下」。

ブレナーの考察と似たものをウォーラーステインも行っている。

ウォーラーステインによれば，「資本蓄積の政治は絶えざる闘争であり，その結果，『世界経済』の全体としての拡大を保障しているはずの独占体は，その体液を搾り取られてきたのである。このような過程，言いかえれば，競争が

---

48) 河村哲二（2016）「グローバル資本主義の歴史的位相の解明と段階論の方法」
SGCIME 編『グローバル資本主義と段階論』御茶の水書房，33-67 頁。

49) Brenner, R.（1998），"The Economics of Global Turbulence", *New Left Review*, No. 229,
pp. 1-265. Brenner, R.（2002），*The Boom and the Bubble*, Verso（石倉雅男・渡辺雅男訳
（2005）『ブームとバブル』こぶし書房）. Brenner, R.（2004），"New Boom or New Bubble?",
New Left Review Second Series, No. 25, pp. 57-100. Brenner, R.（2008），"Devastating
Crisis Unfolds", *Against the Curennt*, No. 132（長原豊訳（2009）「露わとなった壊滅的危
機」（『現代思想』第 37 巻第 1 号），60-67 頁）.

しだいに激化していく過程は，いかにゆっくりとしたものであったにもせよ，利潤の減少とコンドラチェフ循環の B 局面と呼ばれる長期停滞をもたらすことになる」[50]。

また，ウォーラーステインによれば，「資本家にとって問題だったのは，独占というものはすべて，自崩するということであった。その独占が，政治的にどんなにうまく守られていても，世界市場に新たな生産者が参入できるかぎり，必ずそうなった。もちろん，参入は容易ではなかったし，時間も必要であった。しかし，遅かれ早かれ，他の人びとが障害を乗り越え，市場に参入することができる。その結果，競争がいっそう激しくなる。資本主義を宣伝したい人たちがつねにいっているように，競争が激しくなれば，価格は低下する。しかし，同時に利潤も低下する」[51]。

さらに，ウォーラーステインによれば，「主導産業の正常な展開―すなわち，独占に準ずる状況がゆっくりと溶解していく過程―は，世界＝経済の循環的な律動の原因である。大きな主導産業は，世界＝経済の拡大にとって大きな刺激となり，大きな資本蓄積を帰結する。しかし同時にそれは，世界＝経済における雇用の拡大をともない，賃金水準を引き上げ一般に相対的な豊かさの感覚をもたらす。それまで独占に準ずる状況にあった市場に，次第に多くの企業が参入するにつれ，『過剰生産』（所与の時点における実質の有効需要を超過する生産）が発生し，その結果，（需要が逼迫するため）価格競争が激しくなり，利潤率は低下する。そうするうちに，在庫が積み上がり，最終的に，追加の生産の速度は鈍くなってくることになる」[52]。

また，高田もブレナーの考察と似た考察を行っている。

---

50) Wallerstein, I.（[1983] 1995), *Historical Capitalism with Capitalist Civilization*, Verso（川北稔訳（1997）『新版 史的システムとしての資本主義』岩波書店，203-204 頁）.

51) Wallerstein, I.（[1989] 2011), *The Modern World-System Ⅲ*（*New Edition*), The Regents of the University of California（川北稔訳（2013）『近代世界システムⅢ』名古屋大学出版会，xi 頁）.

52) Wallerstein, I.（2004), *World System Anlisis*, Duke University Press（山下範久訳（2006）『入門・世界システム分析』藤原書店，82-83 頁）.

高田によれば，「1970年代の具体的状況に即して言えば，自動車産業や家電を中心とする耐久消費財の大量生産と大量消費，これらを支える鉄鋼，機械産業など関連部門での積極的な資本蓄積，雇用増加と賃金水準の上昇，住宅や耐久消費財の需要を押し上げる中間層の形成，さらには，景気後退期に企業投資を促進し，需要の減退を下支えする景気拡大的な金融・財政政策，ブレトンウッズ体制のもとでの世界貿易の拡大など，『黄金の時代』の高度成長を支えてきた歴史的諸要因が，新興国を含めた世界的な生産能力の余剰，工業国における耐久消費財の普及，国際競争の激化によって，利潤率が低下し，全体としてさらなる高度成長を継続することができなくなった」[53]。

　また，高田によれば，「〔19〕70年代にスタグフレーションという形態で露になった工業国の過剰蓄積は，世界的な実物投資の停滞，失業率の上昇，財政危機などの問題をともなって長期化したが，各国政府と経済界はこれに対処するために，経済政策の重点をそれまでのケインズ主義的需要管理・雇用重視から新自由主義的立場に移していった。政策転換は，多国籍企業のグローバルな資本蓄積を促進し，国内の賃金上昇を抑えて企業利潤を回復し，株価ブームに支えられたM＆Aの盛況，IT部門を中心とする新しい産業の振興などにつながったが，アジア諸国を中心とする新興工業国も加わった国際競争は一層激化し，米国について見ると，国内的には成長鈍化，賃金抑制，所得格差などによって『実現問題』を深刻化させ，世界的な『資本の過剰蓄積』はむしろ激化した」[54]。

　現在の日本企業の実在条件であるグローバル資本主義を具体的に考察していく。現在，韓国や台湾，中国等後発国の製造業者が積極的に世界市場に進出している。このような状況に対して，日本をはじめとする先発資本主義国の製造業者が世界市場から撤退しないことから，世界的な生産規模拡大となる。世界的な生産規模拡大は世界的な過剰生産傾向を生み出す。世界的な過剰生産傾向は製造業者間の国際競争を激化させる（メガ・コンペティションの発生）。国際競争の激化は価格低下傾向，利潤率低下圧力という経済状況をもたらす。

---

53)　高田太久吉（2015）『マルクス経済学と金融化論』新日本出版社，55頁。
54)　同上，144-145頁。

第4章　大手鶏卵会社の組織体犯罪とグローバル資本主義　103

　なお，競争による利潤率の低下は，資本主義の歴史においては低成長，長期停滞をもたらすが，エンゲルスはイギリスからアメリカへの工業の中心の移動と，それに伴う，資本主義国イギリスの衰退に関して考察している。

　エンゲルスによれば，「繊維工業と金属工業の重心が，イギリスからアメリカにうつることになれば，イギリスは第二のオランダに，すなわち，ブルジョアジーは，過去の偉大さを食って生き，プロレタリアートはひからびてしまう国になるか，それとも―社会主義的に再組織されるか，そのどちらかになるであろう。最初のようになることは考えられない。イギリスのプロレタリアートはそんなことはさせはしないのであり，そうさせるにはイギリスのプロレタリアートはあまりにも数が多く，あまりにも発達しているのである。したがってのこっているのは，第二のようになるだけである」[55]。

　なお，日本を含めた現代の資本主義を表すものとしての情報資本主義に関しても，ここで触れておく。

　情報資本主義に関する北村の考察[56]，半田の考察[57]，佐藤の考察[58]から，筆者は情報資本主義を次のように定義する。

　〈情報資本主義とは，情報技術（コンピューター技術と通信技術の総称）革新を特徴とし，あらゆる産業に情報技術が組み込まれた独占資本主義である〉

　情報資本主義が登場したのは，1995年のウインドウズ95の発売時である。

　情報技術はデジタルに基づく。

　小西によれば，「デジタル技術の特性のひとつは，しばしば指摘されてきたように，その『汎用性』にある。文字や図形などの視覚情報であれ，音声情報

55）　Engels, F.（[1892] 1963）: Karl Marx-Friedrich Engels Werke, Band 22: Institut für Marxismus-Leninismus beim ZK der SED, Dietz Verlag（大内兵衛・細川嘉六監訳（1971）『マルクス＝エンゲルス全集第22巻』（「アメリカの大統領選挙」）大月書店，342頁）.

56）　北村洋基（2003）『情報資本主義論』大月書店，ⅱ-ⅲ頁，206頁。

57）　半田正樹（1996）『情報資本主義の現在』批評社，27頁。半田正樹（2007）「〈情報化〉を視軸に現代資本主義をみる」（『季刊経済理論』第44巻第2号），5-17頁。半田正樹（2019）「グローバル資本主義の「資本主義度」を問う」（『季刊経済理論』第56巻第1号），28-40頁。

58）　佐藤洋一（2010）『情報資本主義と労働』青木書店，3頁，49頁。

であれ，運動などの物理的情報であれ，生命化学の情報であれ，あらゆる自然現象が，そして社会現象が，それらの情報がデジタル化できるかぎりでは，情報処理の対象となり，操作対象となる」[59]。

デジタルは汎用性を持つことから，デジタルに基づく情報技術もあらゆる産業に組み込まれる。

また，情報資本主義は独占資本主義である。アメリカの GAFAM，中国の BATH，日本の NTT グループ，KDDI，ソフトバンク，楽天グループは巨大独占 IT 企業であり，これらが圧倒的な存在感を持つ情報資本主義は独占資本主義である。

次に，日本を含めた現代の資本主義を表すものとしての金融化資本主義に関して，ここで触れておく。

金融化資本主義に関する伊藤の考察[60]，井村の考察[61]，ラパヴィツァスの考察[62]，高田の考察[63]，宮田の考察[64]，飯田の考察[65]から，筆者は金融化資本主義を次のように定義する。

〈金融化資本主義とは，金融経済（マルクスはこれを信用制度と呼ぶ）の内部に向かって行われる銀行の信用創造が証券投機への資金需要に応ずることによって，また，レバレッジといった銀行の信用創造以外の金融取引を膨大化するといった新しい信用膨張機能によって，金融資産総額が増大し，実体経済とは無関係に金融経済が自立的に拡大して，さらに，家計と金融経済が強い関係を持つ独占資本主義である〉

---

59)　小西一雄（2020）『資本主義の成熟と終焉』桜井書店，104 頁。

60)　伊藤誠（2009）『サブプライムから世界恐慌へ』青土社，45 頁。

61)　井村喜代子（2010）『世界的金融危機の構図』勁草書房，51 頁，61 頁，183 頁，197 頁。

62)　Lapavitsas, C.（2013），*Profiting Without Producing*, Verso（斉藤美彦訳（2018）『金融化資本主義』日本経済評論社，23 頁，455 頁）．

63)　高田（2015），16 頁，20 頁，67 頁。

64)　宮田惟史（2021）「利子・信用」基礎経済科学研究所編『時代はさらに資本論』昭和堂，262-284 頁。宮田惟史（2023）『マルクスの経済理論』岩波書店，269-271 頁。

65)　飯田和人（2022）『現代貨幣論と金融経済』日本経済評論社，165 頁，168 頁。

金融化資本主義が登場したのは，1973年の変動為替相場制への移行時である。

また，金融化資本主義において，重要な役割を担う諸部門の1つとして銀行が挙げられる。飯田は銀行に関して，考察している。

飯田によれば，「実体経済と金融経済とを結ぶ流通の水路に着目し，そこを経由する貨幣の出入口にあたる銀行の存在と機能を重視するのは，利子生み資本の管理を銀行の最も重要な機能として捉えるマルクス学派に特徴的な分析視点と言いえよう」[66]。

さらに，現代日本資本主義を表すものとしての利潤率低下圧力下資本主義に関して，ここで触れておく。

利潤率低下に関するマルクスの考察[67]，富塚の考察[68]，大谷の考察[69]，鳥居の考察[70]，宮田の考察[71]から，筆者は利潤率低下圧力下資本主義を次のように定義する。

〈利潤率低下圧力下資本主義とは，利潤率低下圧力に資本がさらされている独占資本主義である〉

資本主義が発展し，資本が蓄積され，機械化が進展すると，資本の有機的構成（不変資本（機械等）を可変資本（賃金）で除したもの）が高度化し，利潤率（剰余価値（利潤）を，不変資本と可変資本で除したもの）は低下する。日本経済も発展し，資本が蓄積され，機械化が進展すると，資本の有機的構成が高度化し，利潤率が低下する圧力が生じる。このような状況に対して，資本は，賃金と利潤が反比例の関係にあることから，賃金を減少させて，利潤を高める。2009年度から2018年度まで，日本の賃金は減少したが，日本の全産業の営業利益

---

66) 同上，144頁。
67) Marx, K.（[1894] 1964）: Karl Marx-Friedrich Engels Werke, Band 25: Insititue für Marxismus-Leninismus beim ZK der SED, Dietz Verlag（大内兵衛・細川嘉六監訳（1966）『マルクス＝エンゲルス全集第25a巻』（『資本論Ⅲa』）大月書店，265-290頁）.
68) 富塚良三（1965）『蓄積論研究』未来社，501-523頁。
69) 大谷禎之介（2001）『図解　社会経済学』桜井書店，326-333頁。
70) 鳥居伸好（2020）『なるほどマル経』桜井書店，94頁。
71) 宮田惟史（2011）「一般的利潤率の傾向的低下法則と恐慌」（『季刊経済理論』第48巻第1号），60-71頁。宮田（2023），183-217頁。

は増加し，日本の全産業の総資本営業利益率（営業利益を総資本（期首・期末平均）で除して，100を掛けたもの）は上昇した。こうして，日本の資本の利潤率の低下は防がれた。しかし，賃金が減少したことから，日本経済は低成長となった。以上の考察に関しては，詳しくは拙稿[72]を参照。

利潤率低下は，マルクスや富塚，大谷，鳥居，宮田が考察した資本の有機的構成の高度化によっても，ブレナーやウォーラーステイン，高田が考察した世界的な過剰生産からの国際競争の激化を通じての価格低下によっても生じる。現代の日本の資本は，資本の有機的構成の高度化によって，また，グローバル資本主義における世界的な過剰生産からの国際競争の激化を通じての価格低下によって，利潤率低下圧力にさらされていると筆者は考える。

鳥居は，一般的利潤率の傾向的低下の法則に関連した考察を行っている。

鳥居によれば，「資本主義は，それらの法則〔資本蓄積の一般的法則，一般的利潤率の傾向的低下の法則〕，あるいは矛盾に関わる制限性がありながらも，過剰生産が恐慌によって調整されるように，当面の制限性を乗り越えて発展する力を持ちます。その力の源泉は，世界的規模で創出される新たな労働力や労働力人口の貯水池からくみ出される労働力のほかに，世界的なネットワークに基づく信用形成がその力の源泉ともなります。一般的利潤率の傾向的低下の法則に関しては，資本蓄積のための追加投資分の遊休化やより高い利潤率を求めての多角化，さらにはより高い利潤率でより多くの利潤の獲得が可能な海外での資本展開が行われることで，結果的にその制限性の回避が生じます。また，超過利潤を固定化する資本の競争制限や一般的利潤率の形成に加わらない金融部門での資本運用は，同じく結果的には法則の作用を回避する動きになります。このことから，競争制限や経済の金融化の動きが，一般的利潤率の傾向的低下の法則と無関係ではないことがわかります」[73]。

以上の鳥居の考察から，利潤率低下がグローバル資本主義と金融化資本主義

---

72)　前島賢士（2020b）「意志論からみた現代資本主義」（『中央大学経済研究所年報』第52号），377-399頁。

73)　鳥居（2020），98頁。

とに関連することがわかる。現代日本資本主義を表す利潤率低下圧力下資本主義は現代の資本主義を表すグローバル資本主義と金融化資本主義とに関連する。つけ加えて，先ほど見たように，グローバル資本主義における世界的な過剰生産からの国際競争の激化を通じての価格低下によって，利潤率低下が生じる。現代の資本主義を表すグローバル資本主義が現代日本資本主義を表す利潤率低下圧力下資本主義に関連する。

日本を含めた現代の資本主義は，グローバル資本主義，情報資本主義，金融化資本主義と言われている。また，現代日本資本主義は，利潤率低下圧力下資本主義と言える。

日本を含めた現代の資本主義がグローバル資本主義であることから，その反動として，反グローバリズムというイデオロギーがA鶏卵会社に生じる。

グローバル資本主義というA鶏卵会社の実在条件が，グローバル資本主義に対する反動としての反グローバリズムというA鶏卵会社のイデオロギーをもたらす。

おわりに

A鶏卵会社の組織体犯罪（贈賄）は，「養鶏業界の諸問題を勉強してもらいたい一心だった」という代表Aの正当化によって促進された。この正当化は代表Aが持っていたA鶏卵会社のイデオロギーである反グローバリズムというイデオロギーをよりどころとした。また，反グローバリズムというA鶏卵会社のイデオロギーは，A鶏卵会社の実在条件であったグローバル資本主義に対する反動として，A鶏卵会社にもたらされた。A鶏卵会社の組織体犯罪（贈賄）の背景には，現代の資本主義を表すグローバル資本主義が存在した。

参 考 文 献

飯田和人（2010）「グローバル資本主義の理論構造とその特質」飯田和人編著『危機における市場経済』日本経済評論社

飯田和人（2011）『グローバル資本主義論』日本経済評論社

飯田和人（2022）『現代貨幣論と金融経済』日本経済評論社

板倉宏（1988）「組織体犯罪研究の現状と展望」（『犯罪社会学研究』第13号）

伊藤誠（2009）『サブプライムから世界恐慌へ』青土社

井村喜代子（2010）『世界的金融危機の構図』勁草書房

大谷禎之介（2001）『図解　社会経済学』桜井書店

河村哲二（2003）「戦後パックス・アメリカーナの転換と「グローバル資本主義」」
　　SGCIME編『世界経済の構造と動態』御茶の水書房

河村哲二（2016）「グローバル資本主義の歴史的位相の解明と段階論の方法」
　　SGCIME編『グローバル資本主義と段階論』御茶の水書房

北村洋基（2003）『情報資本主義論』大月書店

小西一雄（2020）『資本主義の成熟と終焉』桜井書店

佐藤洋一（2010）『情報資本主義と労働』青木書店

柴垣和夫（2008）「グローバル資本主義の本質とその歴史的位相」（『政経研究』第
　　90号）

高田太久吉（2015）『マルクス経済学と金融化論』新日本出版社

鶴田満彦（2005）「グローバル資本主義」鶴田満彦編著『現代経済システム論』日
　　本経済評論社

鶴田満彦（2009）『グローバル資本主義と日本経済』桜井書店

富塚良三（1965）『蓄積論研究』未来社

鳥居伸好（2020）『なるほどマル経』桜井書店

新田健一（2001）『組織とエリートたちの犯罪』朝日新聞社

半田正樹（1996）『情報資本主義の現在』批評社

半田正樹（2007）「〈情報化〉を視軸に現代資本主義をみる」（『季刊経済理論』第44
　　巻第2号）

半田正樹（2019）「グローバル資本主義の「資本主義度」を問う」（『季刊経済理論』
　　第56巻第1号）

前島賢土（1999）「従業員窃盗の研究」（『大学院研究年報文学研究科篇』（中央大学
　　大学院）第28号）

前島賢土（2007）「住宅業界の業界イデオロギーとしての営業重視主義の研究」（『桐
　　朋学園大学研究紀要』第33号）

前島賢土（2020a）『日本のホワイトカラー犯罪』学文社

前島賢土（2020b）「意志論からみた現代資本主義」（『中央大学経済研究所年報』第
　　52号）

前島賢土（2021）「食品会社社員の職務犯罪」（『中央大学経済研究所年報』第53号
　　（Ⅰ））

前島賢土（2022）「はれのひの組織体犯罪」（『獨協経済』第112号）

前島賢土（2023）「農林水産大臣の職務犯罪」（『獨協経済』第115号）

宮田惟史（2011）「一般的利潤率の傾向的低下法則と恐慌」（『季刊経済理論』第48
　　巻第1号）

宮田惟史（2021）「利子・信用」基礎経済科学研究所編『時代はさらに資本論』昭

第 4 章　大手鶏卵会社の組織体犯罪とグローバル資本主義　109

和堂

宮田惟史 (2023)『マルクスの経済理論』岩波書店

Althusser, L.（1965）, *Pour Marx*, Maspero（河野健二・田村俶・西川長夫訳（1994）『マルクスのために』平凡社）

Brenner, R.（1998）, "The Economics of Global Turbulence", *New Left Review*, No. 229

Brenner, R.（2002）, *The Boom and the Bubble*, Verso（石倉雅男・渡辺雅男訳（2005）『ブームとバブル』こぶし書房）

Brenner, R.（2004）, "New Boom or New Bubble?", *New Left Review Second Series*, No. 25

Brenner, R.（2008）, "Devastating Crisis Unfolds", *Against the Curennt*, No. 132（長原豊訳（2009）「露わとなった壊滅的危機」（『現代思想』第 37 巻第 1 号））

Clinard, M.B. and R.Quinney（1973）, *Criminal Behavior Systems*, *2nd ed.*, Holt, Rinehart and Winston

Coleman, J.W.（1985）, *The Criminal Elite*, St. Martin's Press

Coleman, J.W.（1994）, *The Criminal Elite, 3rd ed.*, St. Martin's Press（板倉宏監訳（1996）『犯罪〈クリミナル〉エリート』シュプリンガー・フェアラーク東京）

Cressey, D.R.（1953）, *Other People's Money*, The Free Press

Engels, F.（[1878]1962）: Karl Marx-Friedrich Engels Werke, Band 20: Institut für Marxismus-Leninismus beim ZK der SED, Dietz　Verlag（大内兵衛・細川嘉六監訳（1968）『マルクス＝エンゲルス全集第 20 巻』（『反デューリング論』）大月書店）

Engels, F.（[1892]1963）: Karl Marx-Friedrich Engels Werke, Band 22: Institut für Marxismus-Leninismus beim ZK der SED, Dietz Verlag（大内兵衛・細川嘉六監訳（1971）『マルクス＝エンゲルス全集第 22 巻』（「アメリカの大統領選挙」）大月書店）

Eagleton, T.（1981）, *Walter Benjamin or Towards a Revolutionary Criticism*, Verso（有満麻美子・高井宏子・今村仁司訳（1988）『ワルター・ベンヤミン』勁草書房）

Eagleton, T.（1990）, *The Ideology of the Aesthetic*, Basil Blackwell（鈴木聡・藤巻明・新井潤美・後藤和彦訳（1996）『美のイデオロギー』紀伊國屋書店）

Eagleton, T.（1991）, *Ideology*, Verso（大橋洋一訳（1999）『イデオロギーとは何か』平凡社）

Eagleton, T.（2003）, *The Sweet Violence*, Blackwell（森田典正訳（2004）『甘美なる暴力』大月書店）

Friedrichs, D.O.（1996）, *Trusted Criminals*, Wadsworth（藤本哲也監訳（1999）『ホワイトカラー犯罪の法律学』シュプリンガー・フェアラーク東京）

Green, G.S.（1997）, *Occupational Crime, 2nd ed.*, Nelson-Hall

Hewitt, J.P. and Stokes, R.（1975）, "Disclaimers", *American Sociological Review*, Vol. 40, No. 1

Lapavitsas, C.（2013）, *Profiting Without Producing*, Verso（斉藤美彦訳（2018）『金融化資本主義』日本経済評論社）

Mannheim, K.（1931）: Wissenssoziologie, in: Handwörterbuch der Soziologie, herausgegeben von Alfred Vierkandt（秋元律郎訳（1973）「知識社会学」秋元律郎・田中清助訳『知識社会学』青木書店）

Marx, K.und Engels, F.（［1845-1846］1958）: Karl Marx-Friedrich Engels Werke, Band 3: Institut für Marxismus-Leninismus beim ZK der SED, Dietz Verlag（大内兵衛・細川嘉六監訳（1963）『マルクス＝エンゲルス全集第3巻』（『ドイツ・イデオロギー』）大月書店）

Marx, K.（［1894］1964）: Karl Marx-Friedrich Engels Werke, Band 25: Insititue für Marxismus-Leninismus beim ZK der SED, Dietz Verlag（大内兵衛・細川嘉六監訳（1966）『マルクス＝エンゲルス全集第25a巻』（『資本論Ⅲa』）大月書店）

Matza, D.（1964）, *Delinquency and Drift*, Wiley John & Sons（非行理論研究会訳（1986）『漂流する少年』成文堂）

Rosoff, S.M. and Pontell, H.N., Tillman, R.（2014）, *Profit Without Honor*, Pearson Education（赤田実穂・川崎友巳・小西暁和訳（2020）『アメリカのホワイトカラー犯罪』成文堂）

Scott, M.B. and Lyman, S.M.（1968）, "Accounts", *American Sociological Review,* Vol. 33, No. 1

Sykes, G.M. and Matza, D.（1957）, "Techniques of Neutralization", *American Sociological Review*, Vol. 22, No. 6

Wallerstein, I.（［1983］1995）, *Historical Capitalism with Capitalist Civilization*, Verso（川北稔訳（1997）『新版　史的システムとしての資本主義』岩波書店）

Wallerstein, I.（［1989］2011）, *The Modern World-System III*（*New Edition*）, The Regents of the University of California（川北稔訳（2013）『近代世界システムⅢ』名古屋大学出版会）

Wallerstein, I.（2004）, *World System Analysis*, Duke University Press（山下範久訳（2006）『入門・世界システム分析』藤原書店）

第 5 章

資本主義の基本的矛盾と新自由主義的政策
——日本と韓国の事例を中心に——

鳥 居 伸 好

は じ め に

「失われた 20 年」,「失われた 30 年」という表現で,景気の低迷状況が示される。それは,20 年,30 年という期間で示される長期期間を念頭に置いた経済状況の停滞を言い表したものにほかならない。例えば,2024 年 3 月現在で「失われた 30 年」と言えば,その起点は,1990 年代になる。その場合の「失われた 30 年」は,日本では 1990 年初頭のバブル崩壊を起点とする長期停滞を意味する。バブル崩壊後の長期停滞は,経済成長率の低迷,GDP,国民 1 人当たり GDP の低迷,平均賃金の低迷という指標によって「失われた 30 年」の実態が示され,その間に,巨大グローバル企業が戦後最大の利益を上げ,株価が高騰したとしても,バブルに沸いた 1980 年代からすれば,「失われた 30 年」という捉え方に多くの国民は共感するにちがいない。日本経済の長期停滞は,経済状況を示す各種統計データから窺い知ることができるだけではなく,長期停滞の影響を日々受けて生活をする国民の認識としても,「失われた」ものが実感される。なぜならば,長期停滞の影響は,経済成長率や 1 人当たりの GDP が低迷するなかで,勤労者の平均賃金がこの 30 年間伸びていないことに端的に示されるからである。その原因究明は,問題解決の方向性を検討する上

では必要不可欠な作業となる。

　しかし，本章で検討対象とする長期停滞は，必ずしも 1990 年代を起点とする「失われた 30 年」に限ってはいない。なぜならば，長期停滞を資本主義の構造的問題と捉える見地からすれば，長期停滞の準備段階を含むその必然性を探究することで，その現象の本質が明らかにされるからである。したがって，本章では，1970 年代の金・ドル交換停止とそれと連動するオイルショック，スタグフレーションによって示される資本主義の構造的危機を，考察対象とする長期停滞の誘因と考え，その構造的な問題を克服する国家による政策の必然性を長期停滞と重ね合わせて検討対象とする。

　本章では，資本主義の基本的矛盾と関わる資本主義の構造的危機とそれを克服するための資本主義の発展・変化を念頭に置き，資本主義の発展段階区分で言えば，国家が景気変動・景気循環を伴う経済過程に政策的に介入せざるをえなくなる資本主義の発展段階を国家独占資本主義と捉え，さらに現代資本主義を新自由主義的政策に特徴づけられる国家独占資本主義段階[1]と位置づけた上で，その長期停滞を資本主義の構造的問題として検討する。それゆえ，本章が考察対象とする長期停滞は，新自由主義的政策に特徴づけられる国家独占資本主義が構造的に持つ特徴としての長期停滞にほかならない。

　日本における長期停滞の必然性およびその質的特徴を，資本主義の基本的矛盾と新自由主義的政策との検討から導き出すことが本章のねらいであり，その際に，資本主義の発展過程において，新自由主義的政策の導入経緯 (その必然性) を明らかにしつつ，資本主義そのものが持つ宿命として，日本経済の長期停滞を位置づける。そして，それが日本に特有のものではなく，同じ傾向が韓国にも見られることを国際比較として検討することによって，資本主義そのものの宿命としての長期停滞という現象の内実が明らかにされる。

---

1)　新自由主義的政策に特徴づけられる国家独占資本主義の捉え方は，建部正義「国家独占資本主義の現段階」(鶴田満彦・長島誠一編『マルクス経済学と現代資本主義』桜井書店・所収第 8 章 139-154 頁) に見られる。

1. 資本主義の基本的矛盾と資本主義の発展・変化

長期停滞を資本主義の構造的な問題として捉える場合の根拠は，資本主義の基本的矛盾との関連で導き出すことができるので，まずはその基本的矛盾について検討する。

1-1 資本主義の基本的矛盾とは何か

カール・マルクスが 1857 年に執筆した『経済学批判序説』や 1859 年に刊行した『経済学批判』，『資本論』体系を形成するための諸草稿（「1861-63 年草稿」，『資本論』第 3 巻のための「1865 年主要草稿」），『資本論』第 1 巻（初版 1867 年）などに見られる資本主義に内在する矛盾（内的矛盾）の叙述内容やエンゲルス著『反デューリング論（1878 年)』に見られる資本主義および資本主義的生産様式に内在する矛盾の定義や内容に鑑みて，それらが資本主義に関わる基本的な矛盾関係を示すことから，本章では，それを資本主義の基本的矛盾（以降適宜「基本的矛盾」と略記する）と捉える。その基本的矛盾は，エンゲルスが端的に示すように，「社会的生産と資本主義的取得の矛盾」[2] にほかならないが，社会的生産と資本主義的取得がなぜ矛盾関係にあるのか，またそれが資本主義の発展・変化とどのように関わるかが問題となる。

一般的に矛盾とは同一枠内にある相対立するものの関係と言えるが，その定義を資本主義の基本的矛盾に当てはめれば，資本主義の本性である最大限の利潤追求という同一枠にあって，相対立する関係が矛盾として捉えられる。その相対立する一面である生産の社会的性格は，機械制に伴う協業・分業の発達に示される生産の社会化を促す生産力の発展として捉えられる。資本主義では，生産力を上げて（すなわち資本の有機的構成を高度化させて）特別利潤を得るための諸資本の競争が展開されるがゆえに，生産力の向上は，資本にとって生き残りを図る上での死活問題となる。一方，利潤追求という同一枠における他面の

---

2) エンゲルス著『反デューリング論』マルクス・エンゲルス全集第 20 巻，280 頁，MEW.S.253.

114

対立事項である取得の私的資本主義的形態は，新たに生み出された成果の利潤形態での取得と利潤，利子，地代，賃金などの収入諸形態としての分配関係に示され，分配関係が生産関係に規定されることから，資本主義的生産関係側面として捉えられる。したがって，基本的矛盾は，資本主義的生産様式における生産力と生産関係に存在する対立関係（＝矛盾関係）となる。この矛盾関係については，社会の発展・変化に関する法則性と密接に関わるので，さらに次項で詳しく検討する。

1-2　基本的矛盾と資本主義社会の発展・変化

生産力と生産関係に存在する対立関係（＝矛盾関係）は，資本主義に限ったことではなく，人類史を顧みれば，原始共同体や奴隷制，封建制，資本主義などの経済構造を形成する生産様式は，一定の生産関係の下で生産力が高められる反面，その生産関係が生産力拡大の制限要因となって新たな生産様式への転換を促すというように，人間社会の発展・変化は，生産力と生産関係との関係と不可分なものとして捉えられる。

資本主義は，人間社会の発展がそうであるように，社会生活の基盤を形成する経済活動によってその発展が支えられ促進される。そして，その経済活動は，資本主義的生産様式を形成する生産力と生産関係によって規定され，資本主義的生産様式特有の生産・分配・消費という資本主義経済の動きを示し，資本主義の発展法則と不可分に結びつく。

資本主義の発展法則は，まさに資本主義の発展・変化の必然性が法則性を持って示されることであり，弁証法に基づく「矛盾による自己運動」[3] として物事の発展が示されることから，資本主義の発展・変化は，資本主義における「矛盾による自己運動」として捉えられ，資本主義の基本的矛盾が，まさに資本主義を発展させる原動力となることが示される。

では，どのように資本主義の基本的矛盾が資本主義を発展・変化させるのか。

3）　弁証法に基づく「矛盾による自己運動」については，鳥居（2020），13-14 頁を参照していただきたい。

第 5 章　資本主義の基本的矛盾と新自由主義的政策　115

そのことが，基本的矛盾の具体的な内容とその現れ方によって導き出される。

1-3　基本的矛盾の具体的な内容とその現れ方

　資本主義において経済成長として示される経済規模の拡大は，資本蓄積とし
て捉えられ，マルクスの言うように[4]，「資本の有機的構成の高度化を伴う生産
力の増大による資本蓄積の進展」に関わる法則として，「資本主義的蓄積の一
般的法則」が明示される。そして，その法則の現象としての資本蓄積に伴う相
対的過剰人口の累積化が示される資本蓄積過程において，「一方の極での富の
蓄積と，他方の極での貧困の蓄積」という傾向（構造的問題）が導き出される。
このことが，生産関係における資本・賃労働との対立関係を増幅させるだけで
はなく，資本主義にとっての致命的な矛盾と結びつく。すなわち，資本蓄積は，
資本の増殖欲求に照らして過剰な産業予備軍としての労働者層（正規と対比さ
れる不規則就労の非正規労働者を含む）を梃子として資本増殖のための生産拡大を
展開する一方で，産業予備軍の存在を重石とする賃金抑制とそれに伴う消費制
限を生み出し，過剰生産を必然化させるとともに，その調整の必要性も，資本
主義の存続に欠かせないものとなる。

　資本主義における生産の社会的性格の発揮が生産拡大（供給拡大）を促す一
方で，取得の資本主義的形態に関連する分配部分にあたる賃金が利潤追求に伴
う賃金コストの抑制傾向によって需要制限要因となるので，資本主義は，利潤
追求という本性から生ずる生産拡大と需要制限との対立によって必然的に商品
の過剰生産を生み出す。このことは，実体的側面として捉えれば，剰余価値と
しての利潤を含む商品の過剰生産とその実現との関係で示され，剰余価値生産
を直接的目的・規定的動機とする資本主義的生産・蓄積過程における生産力の
発展と資本主義的な敵対的な分配関係によって制限づけられる社会的消費力に

---

　4)　マルクスは，『資本論』第 1 巻第 23 章「資本主義的蓄積の一般的法則」において，
　　より多くの資本増殖をめざす社会的生産力の向上が，資本蓄積に伴う資本増殖にとっ
　　て過剰な人口（失業者あるいは不規則労働者などの産業予備軍）を必然的に形成す
　　ることを指摘し，その相対的過剰人口の形成が，資本蓄積の産物でもあり，さらな
　　る資本蓄積を促す梃子となることを明らかにしている。

示される基盤との矛盾として捉えられる。したがって，その矛盾によって導き出される過剰生産が，恐慌という形での暴力的な調整によって解決せざるをえない宿命を持つことになる。このような，資本主義的生産の制限性と当面の制限を乗り越えて運動を展開する「矛盾の自己運動」傾向が，資本主義の展開方向として示される。

また，社会的に効率のよい拡大再生産のあり方（＝均衡的資本蓄積）は，生産財と消費財の需給バランスを念頭に置いたマルクスの再生産表式[5]から導き出されるが，資本主義の蓄積動向を動態的に捉えた場合の基本的矛盾との関連で言えば，資本主義における「矛盾による自己運動」として，遠心力と求心力との関係と同様に，過剰化と均衡化との動きによる調整（＝恐慌）の必然性の導出につながる。それは，基本的矛盾の発現形態としての恐慌の存在意義を示すものであり，恐慌を契機とする後退，不況，回復，好況という景気循環は，基本的矛盾から導き出される資本主義の宿命的な運動展開となる。

さらに，基本的矛盾には，生産力を上げることによって得られる特別利潤を追求する諸資本の競争が社会全体の一般的利潤率を低下させる傾向を持つという一般的利潤率の傾向的低下法則[6]が関与する。一般的利潤率の傾向的低下の法則は，実体経済の制限性を示すだけではなく，実体経済と信用に基づく経済活動の乖離の必然性を示すものとしても重要な意味を持つ。すなわち，資本主義は，法則に示される実体経済面における制限性を回避，あるいは乗り越える方向性として，信用力（資本の信用力だけではなく，国家による信用力も加わる）を基盤とする金融経済の拡大傾向を示すこととなる。このことは，のちに検討する新自由主義的政策に見られる経済の金融化との関連で再確認する。

2. 基本的矛盾と資本主義の構造的危機

資本主義は，基本的矛盾の発現形態としての恐慌あるいは世界金融危機に襲

---

5) マルクスの再生産表式については，鳥居（2020），77-83 頁を参照していただきたい。
6) 一般的利潤率の傾向的低下の法則については，鳥居（2020），94-98 頁を参照していただきたい。

第 5 章　資本主義の基本的矛盾と新自由主義的政策　117

われる度に危機的状況を呈する。その危機的状況に関して言えば，19 世紀以降において，資本主義は少なくとも 5 度の深刻な構造的危機を経験している。それは，① 1873 年恐慌を起点とする数回の世界的な恐慌を含む 20 年以上にも及ぶ長期停滞，② 第 1 次世界大戦とロシア革命に至る社会情勢とその経済基盤の動揺，③ 1929 年大恐慌とそれを起点とする第 2 次世界大戦に関わる社会情勢とその経済基盤の動揺，④ 1970 年代における金・ドル交換停止（ニクソンショック）に端を発するオイルショックとスタグフレーション，⑤ 2008 年のリーマンショックに代表される世界金融危機，として捉えられる。

　景気循環に見られる経済動向の不安定性が資本主義の基本的矛盾から導き出されるがゆえに，その常態化を考えれば，5 つの構造的危機が資本主義の制限性と相対性を示す特徴的なシグナルであることは疑いえない。そこで，この節では，構造的危機の①〜③が基本的矛盾とどのように関わるのかを検討し，④⑤については，本章の本題に直結する主要な内容となるので，節を改めて検討する。

2-1　1873 年恐慌を起点とする長期停滞

　資本主義は，基本的矛盾から導き出される景気循環の必然性から，19 世紀以降 20 世紀初頭までに，1825 年，1836 年，1847 年，1857 年，1866 年，1873 年，1882 年，1890 年，1900 年において世界的規模での過剰生産恐慌を経験しており，とりわけ 1873 年恐慌は，1882 年恐慌，1890 年恐慌を含んで，1896 年までの 23 年間にも及ぶ長期停滞の起点となっている。そして，その構造的危機の過程で繰り返される恐慌を契機とする不況期において，弱小資本が淘汰され，資本の集積・集中の進展・強い資本の勝ち残りによって，独占資本（独占的巨大企業）が形成され，資本主義の発展段階としての独占資本主義体制の形成を促す契機が与えられた。

　1873 年恐慌の背景には，当時の軽工業を主体とするイギリス中心に編成された世界市場が，鉄鋼業と石炭業を中心とする重工業の発展に支えられたアメリカとドイツの急速な成長に代表される産業構造の変化に対応できなくなった

という，資本主義の発展に伴う産業構造の変化に対応できない世界市場構造の
問題が存在した。このことは，まさに産業構造の変化に見られる生産の社会化
と世界市場という地球規模で需要側面との矛盾関係を示し，世界規模での過剰
生産とその調整としての恐慌の発生として把握される。そのような重工業化に
伴う関連諸商品の過剰生産とその変化に対応するための調整過程において，イ
ギリスでは，1873 年恐慌から始まる経済停滞の 20 年余りの間に，綿工業を中
心とする軽工業の衰退により，それまで世界経済をリードしてきた国力が弱ま
り，一方ドイツでは，1873 年恐慌を契機とする不況の際に鉄鋼や石炭産業でカ
ルテルが出現し，以後不況の度にカルテル化が進展した。重工業化は，巨大な
生産規模，最低必要資本量の増大が必要とされ，それに伴う株式資本，銀行資
本あるいは国家資本の動員が求められるがゆえに，不況が進行する間に，当時
の後進国ドイツでは，送電線，道路，鉄道の管理のような社会資本に関する投
資（イギリスからの投資を含む）を呼び込んで急速に生産拡大が進むとともに，
工業需要に刺激が与えられた。一方，イギリスでは，過剰生産に対する供給調
整を行うという形で過剰化の調整が図られた。このような両国の動きは，既存
の産業構造内での生産の社会化（生産力拡大）と世界市場における需要構造，
世界的規模での新たな産業構造に基づく生産の社会化（生産力拡大）と世界市
場における需要構造に関わる基本的矛盾の発現として捉えられ，その両国の対
応の違いは，両国の資本形成率の差として顕在化[7]した。

　1873 年から 1896 年にかけての長期停滞は，それに伴う物価の下落状況のな
かで，生産コストの下落と高い生産性の確保による工業生産高の伸びを伴って
いる。そのことは，大不況期における中小・弱小資本の淘汰とカルテル・トラ
ストのような独占体による支配強化を伴う資本主義の発展・変化を意味してい
た。また，アメリカでは，金本位制が再確認された 1900 年前後に，集中して

　7）　長期停滞の間に，イギリスの国民純生産（NNP）に対する純国民資本の形成率が
　　11.5％から 6.0％に下降する一方で，ドイツでは 10.6％から 15.9％に上昇し，不況期
　　における重工業化を進めるための基盤（技術面での生産力向上要因と安価な労働力）
　　の大規模資本による活用機会の促進が成長率の向上に寄与した。

第5章　資本主義の基本的矛盾と新自由主義的政策　119

膨大な件数・企業数・資本額の吸収合併が相次ぎ，大不況（19世紀末）という資本主義の構造的危機は，国内における独占（巨大企業化）の形成と金融資本の成立　（独占＝金融資本の支配），過剰資本の海外投資（資本輸出）の増大によって克服の道が拓かれた。

　総じて資本主義諸国において，1873年恐慌に始まる長期不況のなかで，競争に勝ち残った少数の大企業による相互の競争回避のための企業の集中，カルテル・トラスト・コンツェルンなどの独占形態の形成が，独占資本（独占的巨大企業）と銀行資本との結びつきによる金融資本の形成および金融資本の海外進出，過剰資本の海外投資につながり，原料・労働力・市場を持つ植民地などへの海外投資（国外投資，資本輸出）による最大限の利潤追求を可能にさせた。

　1873年恐慌を起点とする資本主義の構造的危機に直面して，早くから海外に進出し広大な植民地を領有しているイギリス，フランスに対して，遅れて帝国主義列強に入ったドイツ・ロシア・日本などによる植民地の再分割植民地の獲得などをめぐる帝国主義列強の対立激化が，次の資本主義の構造的危機を招来する。すなわち，資本主義の基本的矛盾に起因する世界的な規模での恐慌を起点とする構造的危機が，独占資本主義体制の形成とその帝国主義的傾向によって克服されるとともに，その動きが次の構造的危機につながることとなった。

2-2　第1次世界大戦とロシア革命に至る社会情勢とその経済基盤の動揺

　帝国主義は，経済的側面からすれば，資本主義の発展段階の1つである独占資本主義と捉えられる。レーニンが指摘するように[8]，その歴史的な形成は，① 独占を作り出すほどの高度に発展段階に達した生産と資本の集積，② 銀行資本と産業資本との融合（金融資本）を土台とする金融寡頭制の成立，③ 過剰資本の海外への投資（資本輸出），④ 国際的な資本家による独占団体の形成と世界の分割，⑤ 領土的分割の完了，という指標で確認することができる。それらは，いずれも資本主義の基本的矛盾の発現形態に関わる内容として把握され

---

8)　レーニン（宇高基輔訳）（1956）『帝国主義論』岩波文庫版，145-146頁参照。

る。すなわち，帝国主義諸国内部の階級対立による敵対的分配関係から導き出
される社会的消費力の制限性＝需要制限と生産の社会化との矛盾，帝国主義諸
国間の対立に関わる生産拡大と制限的な需要要因打開のための市場確保として
の植民地争奪戦，帝国主義諸国と植民地（経済的植民地）との民族対立を含む
矛盾の激化が過剰生産・過剰資本のはけ口（調整）としての帝国主義戦争につ
ながる。それゆえ，帝国主義の経済的本質は，当該期における資本主義の発展
した形態としての独占資本主義として捉えられ，帝国主義戦争が資本主義の基
本的矛盾の具体的な発現形態であることが示される。

2-3　1929 年大恐慌を起点とする第 2 次世界大戦に関わる社会情勢とその経済基盤の動揺

　帝国主義戦争としての第 1 次世界大戦後の資本主義世界は，独占資本主義体
制ならではの基本的矛盾の現れとして，独占体支配による価格硬直性に伴う高
価格での過剰生産や過剰貨幣資本による株価ブームという構造的問題を生じさ
せた。そして，それは，ロシア革命に伴うソビエト連邦の成立による世界市場
における需要制限要因も加わり，基本的矛盾によって必然化される過剰生産の
調整としての大恐慌の発生につながった。

　1929 年 10 月ニューヨーク株式市場の大暴落を受けた景気後退は，一挙に世
界的な大恐慌勃発となったが，その構造的危機を打開するための構造転換が国
家独占資本主義[9]体制の形成につながった。1929 年大恐慌以降の主要資本主義
諸国の共通点は，国家財政の役割の増大（財政政策），管理通貨制度を中軸とす
る国家的経済管理の強化（金融政策），基幹産業部門における国家企業の発展（私
企業を補完する共存関係，需要創出・産業基盤形成的役割）であり，そのことは，独
占資本主義段階において生み出された巨大な生産力を私的資本が処理できなく
なったことを意味する。資本主義の基本的矛盾の独占段階における発現として

---

　9)　国家独占資本主義の定義は，「経済過程内部への国家の大規模かつ恒常的な介入に
　　　よって特徴づけられている独占資本主義」（北原勇・伊藤誠・山田悦夫（1997）『現
　　　代資本主義をどう視るか』青木書店，26 頁）として示されている。

第 5 章 資本主義の基本的矛盾と新自由主義的政策 121

の過剰生産の深刻化と資本主義内部での調整としての 1929 年大恐慌およびその後の長期停滞過程は，私的資本の自動調整機能（価格調整，生産調整，市場形成など）の無力化と自律的回復能力の欠如を露呈させ，金本位制下での通貨安定策と均衡財政に固執する限り，長期停滞からの活路を見出すことが不可能となる状況に陥ったことを意味した。そして，過剰化した供給と制限的な需要との調整という基本的矛盾に関わる動きは，排他的な広域経済圏ブロック経済の形成[10] という保護主義的措置と植民地を含む市場権益をめぐる帝国主義戦争という手段を取らざるをえない状況へといざなった。

3. 基本的矛盾と新自由主義的政策

3-1 基本的矛盾と戦後国家独占資本主義

主要資本主義国すべてにおいて，国家が大規模かつ恒常的に経済過程に介入するに至るのは，第 2 次世界大戦後であり，その特徴は，独占資本と国家との癒着を伴う福祉国家型の国家独占資本主義と捉えられる。それは，資本主義の基本的矛盾の激化による危機への対応としての労働者階級への譲歩，高雇用の達成と景気浮揚のための金融・財政政策による有効需要創出と経済活動全般の規模拡大の追求，持続的経済成長の追求が国家による政策目標となることに象徴され，まさに基本的矛盾と関わる過剰生産の調整が国家による有効需要創出政策の遂行となったことを意味する。

また，戦後資本主義におけるアメリカの対外援助[11] は，世界規模での有効需要政策としての役割を担い，世界市場領域での資本主義における新たな生産拡大と需要制限との関係を展開させた。アメリカの対外援助は，アメリカによ

---

10) 1931 年 5 月オーストリア最大の銀行クレジット・アンシュタルト破産を受けたドイツでの金融恐慌により，1931 年 9 月のイギリスでの金本位制停止，スターリング（ポンド）・ブロック形成，アメリカ中心とするドル・ブロック形成，フランス中心のフラン・ブロック形成というブロック経済化は，まさに過剰生産の問題が需要確保のためのブロック経済化という形で発現したものと捉えられる。

11) 1948 年から 1951 年 6 月までの援助金総額は，102 億 6,000 万ドルで，そのうち 91 億 2,800 万ドルが返済義務のない贈与であった。

る世界的規模の軍事的・覇権主義的な政策を補強するための援助，アメリカの企業活動に対する門戸開放政策を実施するための援助，通商および投資を求めるアメリカ企業に対する直接の利益獲得のための援助，低開発国の資本主義的な経済開発のための援助，援助国を資本事情に依存させるための援助であったので，その意味では，戦後アメリカの資本主義経済は，福祉国家型国家独占資本主義というよりも，むしろ帝国主義的要素を含んだ軍事国家型国家独占資本主義と位置づけられる。

さらに，アメリカの覇権を支えるブレトン・ウッズ体制は，国際的独占体（多国籍企業＝巨大独占企業）の生産活動の国際的展開を促し，多国籍企業＝独占的巨大企業の海外展開・資本輸出を促進させた。1950年代後半からのアメリカにおける対外投資の急増（アメリカ巨大企業の多国籍企業化としてのアメリカ資本のヨーロッパ製造工業への進出）や1960年代におけるアメリカの巨大銀行の海外展開に見られるように，生産拡大とその受け皿としてのヨーロッパ市場での資金面での資金導入とその金融面での動きが，世界規模での金融活動の展開を促した。しかし，このことは，実体経済と金融経済の乖離を拡大させるとともに，アメリカからの実質的価値の裏づけとなる金の流出問題を生じさせた。そして，結果的に金の流出として顕在化するギャップの調整の必要性[12]として，基本的矛盾が表出し，金・ドル交換停止に至る危機的な状況が生み出された。

金・ドル交換停止が基本的矛盾に関わる現象として位置づけられるのは，世界市場における実体面での供給・需要関係と資金面で供給・需要関係とのギャップから，その調整としての金・ドル交換停止が導き出されるからである。アメリカ中心の独占的巨大企業が推進する生産拡大とその受け皿となる需要形成のための資金供給は，アメリカ・ドルに依存しており，そのドル発行を国際的な

---

12) 第2次世界大戦中からのアメリカへの富の集中（金保有，英仏などへの債権の拡大など）によって，戦後のブレトン・ウッズ体制が形成され，アメリカ・ドルによる国際金融支配 IMF の「固定相場制」維持そのものがアメリカ国家権力の支配）この体制を支えた基盤であったが，1949年のアメリカにおける金準備高2万1,800トン（資本主義圏の70％保有）は，1960年1万5,800トン（同44％），1972年8,600トン（同21％）になっていた。

金融機関が信用供与によって膨張させるという構図が戦後資本主義体制を支える基盤を形成しているので，過剰なドル供給がその力の根源となる実体的価値を有する金に引き戻される形で調整を図らざるをえなくなるという関係が限界に達し，その関係を放棄せざるをえなくなったことに，金・ドル交換停止への必然性が示される。

3-2　金・ドル交換停止からスタグフレーションに至る構造的危機

　戦後資本主義は，アメリカによる無規律なドル散布による世界的な過剰流動性と世界的規模での高利潤を求める資金の膨張，国家によるタガが外れた景気回復政策の繰り返しと拡大に特徴づけられ，アメリカ中心の世界規模での国家独占資本主義の動きが，金・ドル交換停止からスタグフレーションに至る構造的危機を招来させた。

　1974・75 年世界大不況と連動する世界同時スタグフレーションは，金・ドル交換停止による実体的な裏づけの無くなったドル供給を根源とする景気回復政策の継続拡大，不況下での独占的価格設定の継続によるインフレ拡大という構造的問題とオイルショックという起爆剤により発生し，その動きは，基本的矛盾との関連で構造的な問題として導き出される。すなわち，世界的な趨勢としての独占資本が関わる価格硬直性とニクソンショック，オイルショックによって促された原料価格の高騰によるインフレ傾向が，資本主義諸国における国内での調整作用としての政策とその機能不全を導き出す要因となっており，そのことが，まさに福祉国家型国家独占資本主義体制における基本的矛盾の現われとしてのスタグフレーションという現象に端的に示されている。

3-3　新自由主義的政策と世界金融危機への道

　戦後資本主義経済の行き詰まり状況を示す 1970 年代スタグフレーションによる構造的危機の打開策は，スタグフレーションを生み出す要因の 1 つとされる財政出動による有効需要創出政策の見直しであった。それとともに，独占的巨大企業集団が最大限の利潤追求する上での制約（規制）が硬直的な経済活動

の展開と政策的な機能不全を生じさせたことから，資本の自由な活動を制約するさまざまな規制緩和の動きが，最大限の利潤追求を図る資本活動の活路となるということで，規制緩和を特徴とする政策への転換が先進資本主義国において求められた。

イギリスのサッチャー政権，アメリカのレーガン政権，日本の中曽根政権は，その政策転換の先鞭をつけたが，ここでは，レーガン政権の政策に注目して，その新自由主義的政策の特質と基本的矛盾との関連を考えてみたい。

レーガン政権（1981～1989年）における超軍事大国化と金融大国化のための政策は，ケインズ型有効需要拡大政策に反対する供給面重視政策，「大きな政府」から「小さな政府」へのスローガンに基づく規制緩和と競争市場原理の徹底化によって特徴づけられる。

レーガン政権における超軍事大国化は，レーガン大統領就任時に示された「経済再生計画」の大幅な歳出削減による財政収支均衡であるが，「計画」によるケインズ型有効需要拡大政策批判と実際の政策との食い違いが生じ，財政赤字に基づく軍事的有効需要拡大政策の実施という矛盾を生じさせた。また，レーガン政権による金融大国化は，国内法による金融規制・税制・為替制限を受ける自国国内市場から切り離された「外─外取引」による規制緩和措置による国際金融取引の拡大[13]や「グラス＝スティーガル法（GS法）」の規制緩和による金融の規制緩和など[14]によって進められた。このような金融規制緩和政策による実体経済と金融経済との乖離は，投機的金融活動の本格化を伴い，実体経済における労働による価値を生み出す生産活動とは異なり，金融商品価格の不安定性を利用した利益獲得ゼロサムゲーム（社会的富を増大させない）による利益の奪い合いを促し，IMF体制の崩壊・変動相場制後における実体経済の長期

---

13) 1981年12月のニューヨーク・オフショア市場の設立により，長期的経済停滞下で投資先のない諸外国資金を呼び込むことで米国金融市場の活性化が促された。

14) 1929年大恐慌の教訓に基づいて制定された「GS法」と法体制（公的保険機構・監督機構）や法の柔軟解釈による金利規制緩和（1983年預金金利規制の撤廃），「銀行業と証券業務の分離」緩和銀行持株会社・子会社による証券業務認可範囲の拡大をもたらした。

停滞化と為替市場・国際金融市場の不安定性の拡大傾向の下での，金融商品価格の不安定性を利用する投機利益の追求を展開させた。

しかし，レーガン政権による政策の行き詰まりは，財政赤字，経常収支（貿易収支）赤字の拡大という双子の赤字で顕在化し，「新通商政策」の導入に至った。それ以降，アメリカにおける政権は，規制緩和，自由貿易のための外国市場開放を強要する一方で，自国の貿易赤字増加の原因を貿易相手国に求め，対抗・報復の規制をかける米国第一主義の発現傾向を如実に示すようになった。その政策による調整の動きが，「プラザ合意」（1985 年）や「ルーブル合意」（1987年）による国際協調介入とその後の新しい金融危機（「ブラック・マンデー（1987年 10 月 19 日）」の発生につながった。

また，冷戦体制後のアメリカ経済の抱える脆弱性は，諸産業における国際競争力の衰退（自動車，電機，半導体など），双子の赤字，対外債務の累積に見てとれる。資本主義的市場経済の推進役としてのアメリカは，多国籍企業と巨大金融機関のグローバルな取引を円滑に進めるための市場（金融市場を含む）開放，貿易障壁・投資障壁の撤廃などに端的に示される新自由主義的政策の世界規模での展開を推進した。そのことが，世界経済規模での基本的矛盾を動因とする資本主義の構造的危機を拡大再生産させることとなり，2008 年の世界金融危機[15]を発生させた。

新自由主義的政策の世界展開は，「小さな政府」・「競争社会」をスローガンとする規制緩和と民営化，所得税の累進性緩和，法人税引き下げ，金融の自由化，労働の流動化推進政策などによって推進され，スローガンとは裏腹に国家が経済運営に関与する重要度（国家の信用力を基盤とする金融の自由化を含む）が増しており，新自由主義的政策に特徴づけられるという点での質的変化が見られるものの，現代資本主義における国家独占資本主義としての継続性は，看過しえないものとなっている。

---

15) 世界金融危機の必然性・現実性については，鳥居（2020），113-114 頁を参照していただきたい。

4．基本的矛盾と新自由主義的政策に関する個別事例

　基本的矛盾に関わる構造的危機を理論的・実証的に検討してきたが，その動きに関する具体例として，日本と韓国での状況を検討する[16]ことで，現代資本主義における構造的な問題としての長期停滞という現象を検証することにしたい。

4-1　日本資本主義における基本的矛盾と構造的危機

　日本経済は，1964年開催の東京オリンピックに関わるオリンピック景気が1964年10月には景気後退期に入り，1年後の1965年10月に底をうって上昇するも，1970年の大阪万博に伴う万博景気を含む57カ月続いた「いざなぎ景気」の反動が万博期間中に現れ，ニクソンショックの1年前には不況状態に入り，ニクソンショックを受けた「ニクソン不況」とその後の「列島改造ブーム」を経て，1973年代のオイルショック，スタグフレーションという構造的危機を迎えた。

　日本経済における1970年代の構造的危機は，製造業を中心とする省エネ，ME化を伴う減量経営という利益追求のための効率化の推進によって克服の道が拓かれた。その変化に伴う1960年代の高度経済成長を支えた重厚長大型の少品種大量生産体制からME化による軽薄短小型の多品種大量生産への転換は，エネルギー大量消費型の素材産業から省エネ型の加工型産業における多品種生産体制への転換を伴い，減量経営という名の下に徹底的な経営合理化が進められ，効率化を推進する資本投下とME化による労働力市場の変化をもたらした。このような1970年代の資本主義における構造的危機とその克服対応としての1980年代の減量経営の動きは，世界的潮流となった新自由主義の政策で推進

---

16)　日韓に関する個別事例は，2023年8月24日開催（横浜市立大学）の「第37回日
　　韓経済経営国際学術会議」共通論題（テーマ：日韓関係の活性化と資本主義社会）
　　での報告「日韓の産業構造比較を踏まえた経済交流・協力関係の展望」をもとにし，
　　本章の主旨に即して内容を変更したが，一部重複する箇所がある。

第5章　資本主義の基本的矛盾と新自由主義的政策　127

される効率性の追求を先取りするものであり，その効率化による構造的危機の克服が企業中心の改革によって推進された点は，日本資本主義特有の克服対応と言える。そのような構造的危機の克服策に伴う資本と労働力の第2次産業から第3次産業への移動という産業構造の変化は，日本資本主義における基本的矛盾の進化と密接に関わっている。なぜならば，減量経営に伴う経営の合理化は，低コスト追求による利益拡大をめざすものであり，大企業における下請け企業への単価切り下げと労働力コストの削減によって進められ，供給拡大と需要制限との基本的矛盾を拡大させる要因となったからである。そして，そのことは，自動車産業を中心とする輸出産業の国際競争力強化と相まって，ME化による生産性の上昇に伴う国内生産の拡大（供給拡大）と下請け企業の単価切り下げや労働力コストの削減によってもたらされる国内需要制限とのギャップから，海外市場への輸出依存度を高めさせるという構造的問題を生じさせた。したがって，日本の輸出依存体質の量的・質的強化そのものが，社会的生産の拡大と需要制限と密接に関わるがゆえに，そのような動きを世界市場領域での基本的矛盾の展開の一環として捉えることができる。

4-2　グローバル化とバブル崩壊後における日本経済の長期停滞

　1980年代以降の日本における輸出依存体質の強化は，「減量経営」に伴うコスト削減による国内需要の制限性とME化に伴う生産性の上昇による国内産業における供給拡大によってもたらされ，その輸出先としてのアメリカとの貿易摩擦を生じさせた。すなわち，アメリカは，1980年代において繊維製品から自動車やテレビなどの電化製品，半導体，スーパーコンピューターなどの幅広い製品の日本からの輸入拡大に伴う貿易赤字が財政赤字との双子の赤字を抱えることとなり，日米構造問題協議において，経済構造全体の変革を日本に迫ることとなった。

　アメリカが牽引するハイテク分野での日本の成長が目立ってきたことへの危機意識が，アメリカにおける強力な報復制裁を含む通商法スーパー301条の対応となり，その流れは，対日貿易赤字を抱えるアメリカと日本のアメリカ国債

の購入という対米金融収支の赤字化という構造的な関係を生み出し，日本における経済の金融化を促進させる契機ともなった。

日本経済は，1980年代以降，1985年の円高不況，1980年末にかけてのバブルの形成とバブルの崩壊を経て，長期停滞に入ったが，その長期停滞の端緒となるバブル崩壊後の不況は，複合不況[17]と捉えられる。それは，通常の景気循環におけるフローの在庫調整という側面だけではなく，金融の自由化に伴う資金の流入がもたらした株価や土地価格高騰によって形成されたバブル崩壊によるストック調整など，在庫や設備調整などの循環的要素にバブル後遺症が重層的に複合・連動した結果として捉えられる。そして，そのようなバブル崩壊に伴う複合不況は，グローバル化の影響を受けた実体経済の制限性と金融経済の拡大に起因する金融危機に伴う不況，すなわち実体経済と金融経済との乖離の調整過程としての金融危機に伴う不況のさきがけとして位置づけられる。

バブル崩壊の後遺症に苦しむ日本経済は，1997年から1998年にかけての山一證券や北海道拓殖銀行，日本長期信用銀行，日本債券信用銀行などの大手金融機関が不良債権の増加や株価低迷のあおりを受けて倒産するなどの1998年の金融危機を経て，デフレ不況を伴う経済の長期停滞の様相を呈した。そして，アメリカにおけるサブプライムローン問題の顕在化をきっかけとするリーマンショックに示される2008年の世界金融危機の流れのなかで，デフレ不況からの脱却が，日本経済における当面の課題となった。

4-3　2012年以降のアベノミクスと矛盾の進化

2012年に政権を担った第2次安倍晋三内閣の下で推進された大胆な金融政策，機動的な財政政策，民間投資を喚起する成長戦略を柱とする「三本の矢」による経済成長を目的とした政策運営は，アベノミクスと言われるが，その目的とされたデフレ脱却と経済成長に関する成果があげられなかっただけではなく，

---

17)　宮崎（1992）によって，バブルの発生と崩壊のメカニズムが実証的に分析され，バブル崩壊に伴う不況が，金融の自由化によってもたらされた新たなる不況として，複合不況と捉えられた。

日本銀行を中心とする金融政策は，異常な様相を呈することとなった。日本銀行は，黒田東彦総裁の下で量的質的金融緩和の推進，マネタリーベースの拡大，円安への誘導と株価の高値安定化を図ったが，2％のインフレターゲットの達成ができず，中央銀行としては異常な日本銀行の動きが形成された。日本銀行によるマネタリーベース（通貨供給）の増大は，2012年11月から2022年11月の10年間で見れば，マネタリーベース平均残高124兆4,449億円が2022年11月には616兆8,203億円にまで膨らんでおり，その主な増大要因は，日本銀行の当座預金額38兆8,277億円が491兆2,501億円に膨らんだことに求められる。このことは，投機的金融活動を促す通貨供給が日本銀行によって行われていることを意味する。日本銀行は，コロナ禍においても，国債を購入し，株価を支えるために通貨供給を拡大させ，2020年4月における国債購入額の上限の撤廃を機に，日本銀行による国債購入額が500兆円を超え，国債保有割合も50％を超える異常な状況を形成した。日本銀行の異常性は，国債購入額と割合の異常なまでの増大だけではなく，異常なまでの通貨供給と，それに関連する株価を支えるための世界でも例を見ないETF（"Exchange Traded Funds"の略で，「上場投資信託」）の直接購入によって示されている[18]。

　アベノミクスは，日本銀行による異常な金融緩和によって，株高・円安，円安による自動車をはじめとする輸出企業の利益拡大には効果を発揮する一方で，大企業を支えることで経済を成長させ，仕事と雇用を増やす政策であったにもかかわらず，成長戦略としても，雇用政策としても，結果的には十分な成果があげられなかった。しかし，その成果は，中央銀行を政府の子会社化[19]することで，外国人株主の増加とそれに伴う企業の短期収益性の追求，賃金コストの抑制による国際競争力のあるグローバル企業活動への寄与によって示され，

---

18)　ETFは，東京証券取引所に上場している銘柄で構成されているので，ETFを購入することで，それぞれの構成銘柄（企業）の株主になることになり，日本銀行によるETF購入は，通貨発行者が民間企業の株を保有し，特定企業の大株主になることを意味する。

19)　安倍晋三元首相は，2022年5月9日に大分市で開かれた会合で，「日銀は政府の子会社」とする発言をしている。

グローバル企業による戦後最大の利益実現となって現れている。このように，アベノミクスは，まさにグローバル化の推進に寄与する政策として，実体経済と金融経済との乖離拡大と輸出依存型体質の強化を推進させるという形で，基本的矛盾の進化を促した。

4-4 韓国における構造的危機としての通貨危機（1997 年）

韓国では，実体経済面における工業製品に対する国内需要の狭隘さから，経済成長を促す産業育成を図る産業政策の対象が輸出産業を育成する産業政策とならざるをえず，1960 年代における軽工業の繊維，1970 年代における重化学工業の造船，1980 年代における自動車産業というように，輸出産業の育成のための産業政策に伴う経済成長を牽引する産業構造の変化が示された。また，1960 年から 1980 年代にかけての高度経済成長を牽引する第 2 次産業の中身が，軽工業から重化学工業への移り変わりに反映されているように，高度成長期を担う主軸産業の変化を伴いながら，韓国における第 2 次産業の拡大が促され，1988 年開催のソウルオリンピックによって，国内産業の高度経済成長の成果が示された。その高度経済成長を支えた資金は，財閥を中心とする韓国内部で賄われただけではなく，海外からの資金導入もその一端を担っており，韓国では，1980 年の外国人投資規制の緩和，1981 年の市中銀行の民営化，海外投資規制の緩和をはじめとして，貿易・金融における自由化が進められ，海外からの資金が，国内産業の育成に寄与することとなった。

ソウルオリンピックを経て 1990 年代に入り，さらに外国人投資の規制緩和が図られたが，依然として厳しい規制により，1987 年の民主化以後の賃金の高騰と相まって，外国人直接投資の伸びが見られなかったが，その一方で，金永三政権による民主化過程で生じた韓国経済の閉塞性（財閥企業を中心とする政経癒着）の顕在化と資本取引の自由化とが，1997 年のアジア通貨危機を端緒とする韓国における経済危機を招く要因ともなった。

4-5 韓国における通貨危機（1997年）後の新自由主義的政策の進展

　1998年に発足した金大中政権は，IMFからの緊急援助を受け，IMF管理体制の下で，経済回復を図るための構造改革を実行しなければならず，グローバル化を推進するIMFの管理下にあって，その政策は，金融の自由化を含む規制緩和を推進させることとなった。その結果，外国人の株式投資枠が26％から55％に拡大され，外国人による企業合併・買収が許可されることによって，アメリカ型の株主資本主義化が進められ，整理解雇制と派遣労働制の導入による雇用環境の不安定化と相まって，経済格差が急速に拡大した。金大中政権下では，新自由主義的政策に特徴づけられる国家独占資本主義段階における景気変動の影響を受けて，構造的に経済格差が生み出されるとともに，政策的にもIMF管理体制の下で，新自由主義的政策を特徴づける規制緩和を進めざるをえず，構造的な要因と政策的な要因とによって，経済格差が拡大した。経済格差の拡大は，国内市場の需要要因の制限性と連動するので，それは，国際競争力を持つ産業を中心とする輸出依存体質のさらなる強化につながった。

　韓国では，輸出比率および対外直接投資比率が2000年代に入って急速に増大し，グローバル化の進展とともに，それを牽引するIT産業の発展に伴うハイテク製品の生産拡大が見られた。韓国における製造業輸出品に占めるハイテク製品の比率は，2010年に30％を超えて32％となってから，その後30％程度を維持し，2020年で約36％と高い水準で推移しており，日本におけるその間のハイテク製品の輸出割合が20％以下で推移しているのと比べれば，韓国における貿易輸出額が増大している中でのハイテク製品の輸出割合の高水準維持は，韓国における輸出依体質が強化されていることを如実に示している。

4-6 新自由主義的政策に関する日韓の共通性

　日本と韓国における新自由主義的政策に関わる構造的な問題として，実体経済面での輸出依存型体質の強化とそれに関わる金融の自由化が挙げられる。そして，その両者に関わる動きとして，外国人株主の増大とその影響が問題となる。

日本では，1990 年代前半に 10％に満たなかった外国人持株比率が 2012 年には 28％に増大しており，外国人売買比率も 2003 年の 47.5％，2006 年の 58.1％，2014 年の 67％と，外国人投資家の売買における比重も高まっており，東京証券取引所の株式分布状況調査によれば，2020 年度の日本株の外国人保有比率は，30.2％と前の年度から 0.6 ポイント上昇し，3 年ぶりに 30％を超える状況を示している。韓国では，経済危機後の 1998 年に就任した金大中大統領によって，公共部門，金融部門，企業部門，労働部門などの広範囲にわたる経済改革が実施され，1998 年 11 月に外国人投資促進法が成立するなど，外国人投資の積極的な誘致策が取られた。そのことは，財閥系企業に外国人投資が増加することで，オーナー家族に過度に集中した企業支配権を低下させ，財閥の支配構造の改善を促進することが期待されたからであり，そのねらいの一環として経済危機後の経済改革で外国人投資の誘致策と連動して，M&A 市場も開放された。

　グローバル化の影響による日本での 6 大企業集団の解体，韓国での財閥の支配構造の改善に伴って，株式の持合いが緩み，金融機関・メインバンクの持株比率が低くなることは，株主からのプレッシャーが強くなることを意味し，とりわけ株式投資を純粋な投資とみなす外国人株主の台頭は，日本と韓国に共通する経済環境の変化をもたらし，実体経済と金融経済との乖離を促す要因となった。この乖離の拡大は，新自由主義的政策に特徴づけられる国家独占資本主義の発展傾向を示すものであり，日本と韓国に見られる外国人株主の台頭と株主資本主義化は，まさにその典型例として捉えられる。

　また，外国人株主の増加は，国際会計基準に照らして税引き後の営業利益を絶えず黒字にしておくという企業への圧力にもなり，非正規労働者を増加させて雇用の弾力化を図ることを企業に迫ることにもなる。そして，連結キャッシングフロー計算書の導入が，とりわけ不況期には雇用リストラ圧力を強める要因となることから，両国における非正規労働者問題への影響も生じ，経済格差の拡大とともに，国内需要の制限性，輸出依存型体質の強化という基本的矛盾に関わる現象が，両国の共通事項として示される。

第 5 章　資本主義の基本的矛盾と新自由主義的政策　133

　非正規労働者問題について言えば，日本での新自由主義的政策は，労働時間に関する規制緩和や労働派遣に関する規制緩和に端的に示されており，労働基準法の改正によるフレックスタイム制や裁量労働制の創設，時間外労働割増賃金率の引き下げの動きによってコスト削減が可能となり，株主が求める企業収益を高めることにつながった。財界からの強い要請を受けて，労働者派遣事業を合法化する労働者派遣法が制定され，1996 年の大幅な改定，1999 年の改定に続く 2003 年の派遣法の改定で，製造業への派遣も解禁され，労働者派遣に関して，ほぼ全面的な自由化が実現した。このような労働派遣の規制緩和は，1998 年に 90 万人であった派遣労働者を 2006 年には約 321 万人に増大させ，派遣労働者を含む非正規労働者は，正規労働者の労働条件および賃金改善の重石としての役割を担い，低い賃金水準の維持再生産を可能にさせた。このように，1990 年代後半以降，日本においてもアメリカ型の株主資本主義化が進み，コストの削減による企業利益の追求が本格的に進められ，株価の上昇と配当の増大が，労働者の福利厚生や賃金よりも重視されるようになり，労働コストの安い非正規労働者が拡大することとなった。また，国税庁「民間給与実態調査」によれば，2014 年〜2019 年における非正規労働者の平均給与は，正規労働者の平均給与の約 35％となっており，非正規労働者比率が，35％前後であることを考えれば，非正規労働者の低賃金が，労働者全体の平均賃金の伸びに対する制限要因となっていることがわかる。

　韓国では，韓国統計庁『経済活動人口調査，雇用形態別付加調査』によれば，韓国の賃金労働者全体に占める非正規労働者の割合は，2010 年 33.2％，2015 年 32.4％，2019 年 36.4％で推移しており，2019 年 8 月時点の非正規労働者数が 748 万 1,000 人と，前年比 86 万 7,000 人の増加を示している。また，韓国雇用労働部のデータによれば，正規労働者に対する非正規労働者の賃金比は，2021 年で 53.0％となっており，正規と非正規とでは，約 2 倍の開きがある。

　日本と韓国ともに，非正規労働者が労働者全体との割合で 30％を超えており，非正規労働者の賃金水準の低さが全体の賃金コストを抑制していることがわかる。賃金コストの抑制によって利益を確保する企業努力が株主の評価につなが

134

る反面，そのことが国内全体での国内需要の制限性につながることを考えれば，外国人株主による短期的収益性を追求する動きは，看過しえないものとなる。なぜならば，外国人株主にとっての優良株は，主に国際競争力のあるグローバル企業株となるので，外国人株主割合の増大は，一方ではグローバル企業が利益を上げる上での効率性追求の後押しをするとともに，他方ではコスト削減による効率性の追求の結果生ずる国内需要の制限性というまさに基本的矛盾関係の表出現象を示し，それが輸出依存型体質のさらなる強化につながるからである。

　最後に，経済成長に関して言えば，日本と韓国とで差異が生じており，日本では，経済成長も労働者の平均賃金も経済の長期停滞期の状況を示す反面，韓国の平均賃金が 2013 年を境に日本の平均賃金を超したことに端的に示されているように，日本と韓国の実体経済面について言えば，両者の違いは，明確に示される。

　日本の名目 GDP が，2000 年に 4,968.36（US ドル）が 2020 年に 5,048.79（US ドル）とほぼ横ばいなのに対して，韓国の名目 GDP は，2000 年に 576.48（US ドル）が 2020 年に 1,644.68（US ドル）と，20 年間の間に 3 倍ほどの伸びを示している[20]。また，日本は，同じ時期での 1 人当たりの GDP でほぼ横ばいの状況で，長期経済停滞の影響が，端的に 1 人当たりの GDP の伸びに示されているのに対して，韓国の 1 人当たりの GDP は，日本の 1 人当たりの GDP を抜く勢いを示している。その違いは，実体経済と金融経済との乖離が関与しており，とりわけ中央銀行の政策が影響している。すなわち，韓国の中央銀行が日本銀行による「異次元の金融緩和」のような金融政策を取らない[21]ことに，資金の実体経済への注入の差が示されている。

　しかし，構造的に同じ問題を抱える両国の今後を考えれば，日本における長期停滞という構造的な問題を韓国も共有することになる可能性が高い。それゆ

---

20)　IMF-World Economic Outlook Databases（2023 年 4 月版）参照。

21)　その違いは，韓国が 1997 年の通貨危機でどん底に落ちた経験を有する点に求められる。

第 5 章　資本主義の基本的矛盾と新自由主義的政策　135

え，今後の国際協調体制を考えた場合には，両国における共通の問題解決に向けた取り組みが求められる。

　　お わ り に

　本章は，資本主義に関する世界的な潮流からすれば，日本における現代資本主義の長期停滞が資本主義の基本的矛盾によって必然的に生ずる構造的問題として捉えることで，その本質を明らかにすることをねらいとした。そして，長期停滞を資本主義の基本的矛盾と新自由主義的政策に絡めて問題とする理由も，そこにあった。すなわち，日本における長期停滞は，日本特有のものではなく，資本主義の構造的な問題として捉えることが肝要だということである。それゆえ，資本主義の基本的矛盾との関連を明確に示すことで，構造的な問題を鮮明にできると考えた。また，長期停滞現象を新自由主義的政策との関連で捉えるのも，その必然性を基本的矛盾から導き出すことで，構造的な問題を鮮明にすることができると考えたからにほかならない。

　長期停滞が構造的な問題あれば，その根本的な解決方法は，体制変革の道である。しかし，資本主義が，「矛盾の自己運動」によって発展し，基本的矛盾が関与する構造的危機を招来しながらも，構造的危機を乗り越えて発展してきたことを考えれば，そしてまだ発展の余地があるとすれば，改善の方向性は，基本的矛盾の表出を押さえるための資本の運動に対する適正な規制を国際協調的に行うことで示される。それは，例えば，GAFA のような巨大なグローバル企業に対する各国での課税に関する国際課税ルールの検討や投機的金融活動としての国際資本移動を抑制するための短期的な為替取引に課税するトービン税[22] の導入のような国際的協調関係の構築として捉えられる。また，国際協調的取り組みに関して言えば，経済格差を是正するための国際協調型の福祉国家型政策も，国内生産に対する需要形成に関わる政策として，検討の余地がある。グローバル化の流れのなかで，1 国だけでの福祉国家型政策が効果を上げ

22)　ノーベル経済学賞受賞者のジェームズ・トービンによって提唱された通貨取引課税。

えないことは，韓国における盧武鉉大統領による福祉国家型政策が機能不全に陥ったこと[23]から導き出すことができるように，グローバル化（規制緩和）の流れに対抗する福祉国家型の適正な規制強化の動きは，1国だけではない，国際協調的な取り組みが必要不可欠なものとなる。

　今後の資本主義の発展方向を示す動きとして，国際協調とともに注目されるのは，地域主義であろう。アメリカが主導するグローバル化とアメリカのレーガン政権やトランプ政権において特徴づけられる「米国第一主義」に示される地域主義は，アメリカでの表裏一体的動きとして捉えられるが，覇権国家による両者の統一ではなく，普遍的な両立が今後の課題となる。規制強化のためのグローバル化と地域主義が，どの国，どの地域においても矛盾することなく両立するためには，排他的でない健全な地域主義とそれを相互に認め合う地域間連携（国家間にも妥当）による相互発展の道が求められる。

　付記　本章は，中央大学特定課題研究費（2021年度・22年度）による研究成果の1つである。

参 考 文 献

安部誠編（2021）『日韓経済関係の新たな展開』日本貿易振興機構アジア経済研究所
井村喜代子（北原勇協力）（2016）『大戦後資本主義の変質と展開』有斐閣
井村喜代子（2000）『現代日本経済論〔新版〕』有斐閣
遠藤敏幸（2008）「外国人投資と韓国財閥の構造変化」（『アジア経営研究』第14号）
　　アジア経営学会，161-169頁
鶴田満彦・長島誠一編（2015）『マルクス経済学と現代資本主義』桜井書店
鶴田満彦（2009）『新自由主義政策に特徴づけられる国家独占資本主義と日本経済』

---

23)　盧武鉉大統領は，「民主福祉国家を目指す」（2007年4月26日「国家朝餐祈祷会」での演説）として，福祉予算のGDP比を高め，福祉投資規模を拡大する方針を示して，福祉予算の割合増大させたが，経済危機後の新自由主義的政策に特徴づけられる国家独占資本主義化の流れを変えることはできず，非正規労働者の割合が増大し，政権がめざした「国民の厚生福祉」を促す雇用創出にはつながらなかった。このことは，1国だけの福祉国家政策では，規制緩和のグローバル化の動きのなかで機能不全を生じせる具体例として挙げられる。そして，規制緩和のグローバル化に対抗する手段として，適正な規制によるグローバル化が求められるという教訓が導き出される。

桜井書店

鳥居伸好（2020）『なるほどマル経』桜井書店

ビンヤミン・アッペルバウム（藤井清美訳）（2020）『新自由主義の暴走』早川書店

福田真一（2018）『21世紀の長期停滞論』平凡社

宮崎義一（1992）『複合不況』中公新書

村上研一（2022）「日本と世界の構造変化と日本産業・経済の衰退」（『経済理論』第59巻第3号）経済理論学会，6-17頁

村上研一（2024）『衰退日本の構造分析』唯学書房

第 6 章

資本主義経済の「内在的矛盾」と日本経済の長期停滞
——「収益性危機」脱却の「成功」の帰結としての停滞——

松　橋　透

は じ め に

　本章の課題は「失われた30年」と呼ばれる日本の長期経済停滞が資本主義経済の本質によって規定される「内在的矛盾」の今日的発現形態であることを示すことにある。

　資本主義経済の「内在的矛盾」とは，マルクスによって『資本論』第3部第3編第15章において「恐慌の究極の根拠」として措定された「利潤生産の条件とその実現の条件との間の矛盾」を指す。これまでの恐慌論研究史上においてこの規定は一方で，「生産の無制限的拡大への傾向と労働者階級の狭隘なる消費限界との間の矛盾」すなわち「生産と消費の矛盾」として把握され，この矛盾による利潤実現の条件の制約が恐慌を規定するとする「実現恐慌論」の根拠とされると同時に他方では，利潤生産の条件が絶対的に限界づけられる極限点としての「資本の絶対的過剰生産」に恐慌の根拠を求める論者は，この規定は過少消費説的見解の残滓に過ぎないとして恐慌の契機としては否定してきた（松橋透（2002）「『生産と消費の矛盾』と『資本の絶対的過剰生産』の規定をめぐる恐慌論研究史」，『商学論纂』第43巻第1号）。しかし本文中で明らかにされるように，この規定はまさに「利潤生産の条件とその実現の条件との間の二律背反」の関

係として，そしてまた「資本の絶対的過剰生産」をその対極的命題とする規定
として把握されなければならない（この点については第8節の論述も参照のこと）。

恐慌とは〈資本に基づく生産に固有の必然的な限界によって根源的に措定さ
れた事態〉[1] である。したがってこの恐慌の究極の根拠としての「内在的矛盾」
は，資本主義経済が資本主義経済としての本質を持つ限り揚棄しえないもので
ある。ただしその矛盾の発現形態は資本主義の構造変化に伴って変容する。す
なわち19世紀に典型的であった周期的過剰生産恐慌としての爆発から，20世
紀の独占資本主義段階に特徴的な長期経済停滞へ，そしてまた1970年代に現
れた不況とインフレの併存というスタグフレーションへの形態変化である。そ
して現下の日本経済の長期停滞も，この「内在的矛盾」の今日的な発現形態と
いう視点から把握することによって最もその本質に迫ることができると考える。

1. 日本経済の長期停滞（「失われた30年」）と「砂上楼閣の高収益」

日本経済は30年以上にわたる長期停滞の只中にある。このことは統計的に
明らかである。すなわち1991年度から2020年度までの30年間の年度平均
GDP成長率はわずか0.7％であり，戦後日本の諸時期の成長率と比較するとそ
の停滞の深刻さは際立っている（表6-1）[2]。

すなわち1956年度から1973年度までの「高度経済成長期」の年度平均成長
率は9.1％であり，それより低下したとはいえ1974年度から1990年度までの
いわゆる「安定成長期」と言われた時期の平均成長率は4.2％である。これら
の時期の成長率と比較してみると，直近30年間の年度平均成長率0.7％は極め

表6-1　戦後日本の各時期の年度平均実質経済成長率

	高度経済成長期 1956～1973年度	安定成長期 1974～1990年度	失われた30年 1991～2020年度
年度平均成長率	9.1％	4.2％	0.7％

（出所）『国民経済計算』各年版により作成

---

1)　新MEGA，Ⅱ/1.2，S. 327.
2)　「国民経済計算年報」各年版。

第 6 章　資本主義経済の「内在的矛盾」と日本経済の長期停滞　141

表 6-2　資本金 10 億円以上の大企業の 20 年間の経済パフォーマンス

	売上高	設備投資	従業員給与	経常利益	役員給与	配当金	利潤率
1997 年	100	100	100	100	100	100	10%
2017 年	103	64	93	306	130	573	33%

＊利潤率＝利潤（当期純利益＋役員給与＋役員賞与）／資本ストック（有形固定資産＋ SW）

　（注）利潤率を除き 1997 年を 100 とした指数．SW はソフトウェア．
（出所）『法人企業統計』各年版により作成

　て低い（またコロナ禍に見舞われた 2010 年代後半には－0.3％とマイナス成長に陥っている）。

　ちなみに，2005 年から 19 年までの 15 年間の世界各国の実質 GDP 成長率を見ると，中国 527.4％，韓国 76.1％，米国 64.4％，ドイツ 35.7％，フランス 23.7％となっており，日本は 6.5％と際立って低い[3]。

　しかしこうした日本経済の長期停滞のなかで，極めて奇妙な現象が見られる。それは大企業の高収益と高利潤率である。

　1997 年と 2017 年を比較した表 6-2 を見ると，売上高はこの 15 年間に 100 から 103 へとほぼ横ばいである。しかし経常利益は 100 から 306 へとほぼ 3 倍に増大し，また利潤率も 10％から 33％へと 3 倍以上も上昇している。さらに配当金にいたっては 100 から 573 へと 6 倍近くにまで跳ねあがっているのである。売上高の低迷と日本経済全体の停滞のなかで，大企業で発生しているこの異常な経常利益の増大と利潤率の上昇を本章では「砂上楼閣の高収益」と呼ぶことにする（その理由は後述する）。それではこの「砂上楼閣の高収益」はなぜもたらされたのか。そしてそれは現今の日本経済の長期低迷とどのように関連しているのか。まずこの高収益をもたらした要因から見ていこう。

　表 6-2 から容易に推察できるのは，配当の 6 倍弱への激増のみならず役員給与も 100 から 130 へと 3 割増加し，逆に従業員給与が 100 から 93 へと 10％近く低下していることからして，この 20 年間に労資の分配関係が大きく変動し

---

3)　UN. *National Accounts-Analysis of Main Affregates*.

たであろうということである。すなわち利潤分配率は上昇し逆に労働分配率は低下したのである。次に注目すべきは，設備投資が100から64へと4割近く減少していることである。これは設備の廃棄や海外移転などによる大幅なストック調整が行われたことを示唆している。以下，各要因が利潤率上昇にもたらした効果を立ち入って見ていこう。

2.「砂上楼閣の高収益」の要因分析

記号を以下のように定め，資本利潤率を(1)式のように定式化する。

資本ストック（前期末の有形固定資産＋ソフトウェア）：K

利潤（当期純利益＋役員給与＋役員賞与）　　　　　：π

資本利潤率（資本ストックに対する利潤の比率）　　：$P^* = \dfrac{\pi}{K}$

$$P^* = \frac{\pi}{K} = \frac{\pi}{Y} \cdot \frac{Y}{K} \tag{1}$$

ここで

$\dfrac{\pi}{Y}$：資本分配率（総付加価値に占める利潤の比率）

$\dfrac{Y}{K}$：資本生産性（資本ストック1単位が生み出す付加価値額）

である。すると(1)式から次の命題が導き出される。

命題1：資本分配率の上昇か，資本生産性の上昇か，またはその両者の同時的作用により利潤率 P^* は上昇する

次に従業員給与を W とすると，W（雇用者所得）と利潤 π（企業所得）との和は総付加価値 Y（国民所得）であるので，π は次のように書き換えることができる。$\pi = Y - W$　これを(1)式に代入すると $P^* = \dfrac{\pi}{Y} \cdot \dfrac{Y}{K} = \dfrac{Y-W}{Y} \cdot \dfrac{Y}{K}$ となり，これを整理して次の(2)式を得る。

$$P^* = \left(1 - \frac{W}{Y}\right) \cdot \frac{Y}{K} \tag{2}$$

(2)式の $\dfrac{W}{Y}$ は労働分配率（付加価値総額のうち賃金 W が占める割合）である。そして(2)式から次の命題が導き出せる。

第6章　資本主義経済の「内在的矛盾」と日本経済の長期停滞　143

命題2：資本生産性の上昇か，労働分配率の低下か，またはその両者の同時的
　　　　作用が資本利潤率 P^* を上昇させる

　以下，表6-2の数値をもとに資本利潤率上昇の要因を分析していく。そして
結論から言うと，日本経済の長期停滞下で発生した資本利潤率の上昇は，命題
2の要因によってもたらされたと推論できる。

　まず(2)式において，1997年から2017年の20年間に，資本生産性 $\frac{Y}{K}$ は上昇
したと見ることができる。なぜならば，分子の付加価値 Y（売上高を反映）は
横ばいで，分母の資本ストック K は設備投資の減退により縮小したと見られ
るのであるから，結果的に資本生産性 $\frac{Y}{K}$ は上昇したと見ることができる（実際，
佐藤拓也は「資本生産性が2000年頃から上昇している」ことを確認している）[4]。

　次に，この期間において労働分配率 $\frac{W}{Y}$ は低下したと考えられる。なぜならば，
売上高（Y）微増の下で従業員給与（W）は減少し，逆にπに帰属する経常利益，
配当金，役員給与は大幅に増加しているからである（実際，GDP 統計で見ても企
業統計で見ても，2001年以降2007年まで，労働分配率の大幅な低下が確認できる。ま
たリーマン・ショックを挟んで2011年以降も低下傾向を示している）[5]。

　したがって次の結論を導き出すことができる。すなわち「砂上楼閣の高収益」
をもたらした要因は，売上高横ばいの下での投資抑制による資本生産性 $\frac{Y}{K}$ の
上昇と，賃金抑制による労働分配率 $\frac{W}{Y}$ の低下にある。そして重要であるのは，
次に見るように，この「砂上楼閣の高収益」をもたらした要因そのものが，日
本経済の長期停滞を規定しているということである。長期停滞（およびこの期
間における格差と貧困の拡大）という大きな経済的犠牲の上に獲得されたこの大
企業の「高収益」に，筆者が「砂上楼閣の」という形容詞をつける理由はここ

---

4)　佐藤拓也（2001）支え合う社会研究会編『資本主義を改革する経済政策』かもが
　　わ出版，20頁。

5)　労働分配率は GDP 統計では，雇用者所得／国民所得で計られ，法人企業統計では，
　　人件費／付加価値で示されるが，どちらの数値も2001年から2006年まで一貫して低
　　下し，その後リーマン・ショックによる企業収益の大幅な減少により一時的に上昇
　　するが，2011年からはまた明らかな低下傾向を示している（『国民経済計算年報』，『法
　　人企業統計年報』各年版より）。

にある。この高収益の依って立つ基盤は極めて脆弱なのである。そしてこの長期停滞を規定する論理が，資本制的生産の本質によって規定される「利潤生産の条件とその実現の条件との間の矛盾」の今日的発現であることを示すのが本章のテーマである。

3. 日本経済の長期停滞（＝「失われた30年」）を規定する論理
―――「利潤生産の条件とその実現の条件との間の矛盾」の今日的発現―――

上に見た「砂上楼閣の高収益」をもたらした2つの要因それ自体が今日の日本経済の長期低迷を規定する要因となっている。なぜならば，まず資本利潤率 $\frac{\pi}{K}$ の上昇をもたらした第1の要因である資本生産性 $\frac{Y}{K}$ の上昇（それは投資の抑制によってもたらされたものであった）は，日本経済に以下の①〜③の3つのマイナス効果を及ぼすことによって経済成長率を鈍化させる（図6-1参照）。

① 第1に，設備投資の抑制は投資需要の停滞を意味し，それ自体が直接に経

図6-1 「砂上楼閣の高収益」の要因によって規定される日本経済の長期停滞
―「利潤生産の条件とその実現の条件との間の矛盾」の今日的発現形態―

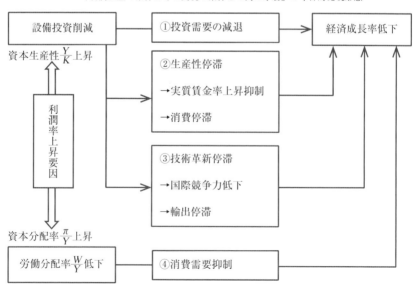

済成長率を鈍化させる（実際，「1990年代後半以降，多くの年で純投資はマイナスであり，プラスであっても極めて小さい。つまり，縮小再生産かせいぜい単純再生産に留まる年が多い」[6]のである）。

② 第2に，投資の抑制によって効率的設備の導入が遅れ，それによって生産性が停滞すれば実質賃金率の上昇が阻害され，それは消費の低迷による成長率の鈍化をもたらす（実際，日本経済の長期にわたる実質賃金率の低下は世界的に見ても異例である。すなわち1997年をピーク〔＝100〕として実質賃金率は下がり続け，2018年には90.1となった。その要因の1つが設備投資の抑制による生産性の停滞にあると考えられる。ちなみに諸外国の1997年を100とした2018年の賃金率指数は，イギリス126.8，フランス127.7，アメリカ115.3で，スウェーデンは138.9であった）[7]。

③ 第3に，投資の抑制は技術革新を停滞させ，それが国際競争力を低下させることによって輸出を減退させる。そしてこの側面から経済成長率が鈍化する。

④ そして最後に，資本分配率$\frac{\pi}{Y}$の上昇という資本利潤率$\frac{\pi}{K}$の引き上げ要因は，裏を返せば労働分配率$\frac{W}{Y}$の低下を意味するのであるから，これによって消費需要は低迷し経済成長率は鈍化する。

以上のように今日の日本経済の長期停滞は，主要大企業に高利潤率と高収益をもたらしているまさにその要因によって規定されているのである。このことを資本制的生産の「基本的矛盾」の発現という観点から言い換えると次のようになる。すなわち今日の長期停滞は「利潤生産の条件」を確保するための諸資本の行動（投資抑制と賃金抑制）による，「利潤実現の条件」の阻害（投資需要・消費需要および外需の低迷）によって発生しているのである。日本経済の長期低迷の要因として投資の削減と賃金の抑制を指摘する見解は多数見られる[8]が，

---

6) 佐藤（2001），25頁。

7) OECD，STAT.

8) 二宮厚美は，労働法制の改定による非正規雇用の増大や社会保障支出の抑制といった「新自由主義的構造改革が……『生産と消費の矛盾』を促進」したとしている（二宮厚美（2009）『新自由主義の破局と決着』新日本出版社，89頁）。また佐藤拓也は，より高い利潤の獲得を志向する独占資本の投資抑制が経済停滞を招いたと指摘して

その根底にあるのはこの資本制的生産の本質によって規定される「利潤生産の条件とその実現の条件との間の矛盾」の対抗的関係における現出なのである。

4.「収益性危機」脱却策としての新自由主義的経済政策と企業行動

上に見た日本経済の長期停滞を規定している投資削減と賃金抑制が，新自由主義的経済政策と企業行動の帰結であることは多くの論者によって指摘されている。とりわけこの因果関係を日本経済の時系列的推移に沿って実証的に明らかにした労作として，村上研一の『衰退日本の経済構造分析―外需依存と新自由主義の帰結』[9] は注目されるべきである。

村上はまず投資抑制について，新自由主義的な「短期収益志向の〈財務の経営〉の広がりは，投資減退と産業競争力衰退，供給力減退に帰結した」とし，この「投資減退が日本経済の長期停滞の主因となった」と指摘している[10]。また「純投資の全般的落ち込み・マイナス転化」によって「国際競争力低下が進み……輸出産業の純投資の伸びも小さくなり，日本経済の停滞状況が鮮明に」なったとも指摘している[11]。

そして消費需要の低迷については，「短期収益性志向の経営」の下で「1995年の日経連の『新時代の日本的経営』に示された通り，非正規雇用の拡大を通じた労働コストの一段の削減が追及され」，「実収入と消費支出は1997年をピークに急激に減退した後，停滞を続けており，『デフレ』の要因となっている」ことが指摘されている[12]。

いる（佐藤拓也（2019）「"生産性の停滞"とは何を意味するのか」『経済』2019年9月号）。間宮賢一は，企業体質強化のための債務，雇用，設備の過剰整理が消費・投資需要を減退させ経済停滞を招いたとしている（間宮賢一（2019）「長期不況」菊本義治他編『日本経済の長期停滞をどう見るか』桜井書店，所収）。また星野富一も同様の観点から長期停滞の原因を指摘している（星野富一（2014）『現代日本の景気循環と経済危機』御茶の水書房）。

9)　村上（2024）『衰退日本の経済構造分析―外需依存と新自由主義の帰結』唯学書房。
10)　同上，38頁。
11)　同上，134頁。
12)　同上，36頁。

ところで新自由主義とは，D. ハーヴェイによれば，「強力な私的所有権，自由市場，自由貿易を特徴とする制度的枠組みの範囲内で個々人の企業活動の自由とその能力とが無制約に発揮されることによって人類の富と福利が最も増大する，と主張する政治的経済的実践の理論である」[13]と定義されている。そしてこの考え方に基づく経済政策が全面的に展開されるようになったのは，1979年成立のイギリスのサッチャー政権と1981年成立のアメリカのレーガン政権の下においてである。そしてその背景にあった1つの大きな問題は，深刻な「収益性危機」であった。すなわち新自由主義的経済政策と企業行動はこの「収益性危機」の克服を1つの大きな眼目として展開されたのである。

「収益性危機」とは1960年代中期以降ほとんどの欧米資本主義諸国で看取された利潤率および利潤分配率の明白な低下傾向のことであり，70年代にはインフレと不況とが併存するスタグフレーションの下で一層深刻化した。この時期の収益性の低下をT.P. ヒルのデータによって確認すれば，1960年に13.7%であった英国の粗収益率は1976年には4.4%まで低下した。また米国では27.5%から22.0%に低下した[14]。そして多くの論者によって，この「収益性危機」の原因は賃金コストの上昇にあると指摘されたのである。

以降，さまざまな新自由主義的経済政策の支援の下で諸資本による短期収益性志向に基づくコスト削減策が，とりわけ賃金コスト抑制策が強力に追求されていくことになった。日本では先に村上が指摘していた1995年発表の日経連の「新時代の『日本的経営』」で示された非正規雇用拡大の方向性が，度重なる労働法制の改定（いわゆる「労働者派遣法」改定）の下で実現していった。その結果，日本の正規雇用労働者数は1997年の3,812万人をピークに2010年代前半まで減少し続け，反対に非正規雇用労働者は1990年の881万人から2000年には1,273万人，2010年には1,714万人，そして2019年には2,169万人へと増加し続けていった。そしてこれを承けて，非正規雇用者比率も1990年の

---

13) Harvey, D. (2005), *A Brief History of Neoliberalism*, Oxford University Press（渡辺治監訳（2007）『新自由主義』作品社，10頁）.

14) Hill, T. P. (1979), *Profit and Rates of Return*, OECD.

20.2％から，2000 年 26.0％，2010 年 33.6％，2014 年 37.9％と上昇し，その後は 37〜38％前後の水準で推移している[15]。先に見た日本の実質賃金率が 1997 年以降低下し続けている大きな要因の 1 つが，この正規雇用の減少と非正規雇用の増大にあることは明らかである。そして実際，「収益性危機」克服を大きな眼目として展開された新自由主義的経済諸政策と企業行動の下で，日本経済は賃金コストの削減に成功し高収益を実現した。すなわち「収益性危機」からの脱却に成功したのである。しかしその「成功」の帰結として長期の経済停滞に陥った。新自由主義的経済政策および短期収益性志向の新自由主義的企業経営は，「成功」（高収益を実現）したがゆえに「失敗」（長期停滞への陥落）したのである。

　それではその「失敗」の根因はどこにあったのであろうか。結論から言うと，その根因は「収益性危機」の原因を単なる賃金騰貴による利潤圧縮とみなした点にある。次節で見るように，「収益性危機」の原因は決して単なる賃金騰貴による利潤圧縮ではなかったのである。そして第 7 節で見るように，「収益性危機」を規定した論理もまた実は今日の日本経済の長期停滞を規定している論理と同様，資本制的生産に内在的な矛盾の独特の発現様式だったのである。だがそれを見る前に，まず「収益性危機」の原因は賃金騰貴による利潤圧縮にあると主張する諸説とその難点を見ておこう。

5. 「収益性危機」の原因を賃金騰貴による利潤圧縮に求める諸説とその難点

　「収益性危機」の主要な原因を賃金騰貴に求める見解は数多く存在するが，その嚆矢をなしたのはグリン＝サトクリフである。彼らは「1964 年から 1970 年までの利潤分配率低下」の原因を「賃金爆発」と国際競争力維持のための価格引き上げ抑制に求め，グリン＝サトクリフ・テーゼとして知られる次のような見解を表明した。「利潤分配率減退の基本的理由は，一方における貨幣賃金

---

15)　『労働力調査』各年版。

第 6 章　資本主義経済の「内在的矛盾」と日本経済の長期停滞　149

表 6-3　D. ハーヴェイ・伊藤誠による恐慌諸学説の分類

	資本制的生産の内的制限	恐慌の原因	学説名
(A)	利潤生産の条件の制限に恐慌の原因を求める見解		【資本過剰論】
①	資本の絶対的過剰生産	賃金騰貴→市場利潤率低下	「利潤圧縮説」
②	利潤率の傾向的低下	有機的構成高度化→利潤率低下	「利潤率傾向的低下説」
(B)	利潤実現の条件の制限に恐慌の原因を求める見解		【商品過剰論】
③	労働者階級の消費制限	賃金の抑制	「過少消費説」
④	生産諸部門間の比例性	部門間不比例の螺旋的拡大	「不均衡説」

（出所）Harvey（2011），訳 351 頁より作成

の上昇と，他方における国際競争の累進的激化とのあいだでの利潤マージンの圧縮にある」[16] と。

　公企業を解体・民営化し労働組合を弱体化させることによって賃金引き上げ圧力を抑制し，また労働法制を改定して非正規雇用を拡大し労働コストの削減を図るという新自由主義的な経済政策や企業行動は，「収益性危機」の原因を賃金爆発に求める上記のような考え方に基づくものと言える。そして後に，D. ハーヴェイと伊藤誠もこの賃金爆発→利潤圧縮のシェーマを「収益性危機」の原因として認定している。すなわち両氏は，マルクス理論に基づく恐慌諸学説を表 6-3 のように分類し，「収益性危機」の原因をこのうちの①に求めた。

　ハーヴェイは次のように述べている。賃金騰貴による市場利潤率の低下に恐慌の原因を求める「利潤圧縮説」は「1970 年代初頭に（とりわけヨーロッパと北アメリカで）起きた」事態に当てはまり，これが「資本蓄積に対する深刻な制限を構成したことにいかなる疑問もない」[17]。また伊藤は，「1973 年に戦後資本主義の高度成長を終焉させた世界経済危機は，先進資本主義諸国における労働力商品にたいする産業資本の過剰蓄積による労賃の騰貴にともなう利潤圧縮を一因として発生したものであった」と論じている[18]。

---

16)　Glyn, A. and Sutcliffe, B. (1972), *Capitalism in Crisis*, New York, p. 65（平井規之訳（1975）『賃上げと資本主義の危機』ダイヤモンド社，69 頁）.

17)　Harvey, D. (2011), *Enigma of Capital and Crisis of Capitalism*, Profile Books（森田成也他訳（2012）『資本の謎』作品社，92 頁）.

18)　*Ibid.*, 訳 353 頁.

150

　しかし両氏のように，資本制的生産の内的諸制限（＝恐慌の諸契機）を表6-3のように並列的に羅列し，それぞれの時期の経済危機にこれらのうちのどの要因が当てはまるのかとする立論形式はマルクス恐慌論の方法的観点ではない。マルクスの恐慌分析の基本的な問題視角は，恐慌諸契機の相互作用と有機的連関を通じていかに資本制的蓄積過程に限界が劃されるのか，その内的論理を究明しようとするものである[19]。ハーヴェイ・伊藤のように，単一要因をあたかもジグソーパズルのピースのように現実分析に当てはめていこうとする問題視点からは「危機」の真相を明らかにすることはできない。このことをまず，グリン＝サトクリフ・テーゼ批判を通じて明らかにしていこう。

　グリン＝サトクリフ・テーゼの発表直後からこれをめぐる論争が巻き起こったが，このテーゼについてまず指摘されたのはその分析手法の不適切さであった。すなわち利潤分配率は利潤率を規定する一要因ではあるが，それのみが利潤率の水準とその動向を規定するのではない。すなわち先に資本利潤率 P^* を $P^* = \dfrac{\pi}{K} = \dfrac{\pi}{Y} \cdot \dfrac{Y}{K}$ （1），として示したが，見られるように資本利潤率 $\dfrac{\pi}{K}$ を規定する要因は利潤分配率 $\dfrac{\pi}{Y}$ と所得–資本比率（資本生産性）$\dfrac{Y}{K}$ である。そして先のT.P. ヒル[20] のデータによって見ると，資本利潤率 $\dfrac{\pi}{K}$ は 1960 年代後半から 70 年代を通じて低下しているが，利潤分配率 $\dfrac{\pi}{Y}$ は 60 年代には安定的であり，それは 1974 年以降顕著に低下していることが確認された。そして 60 年代後半から 70 年代初めまでの所得–資本比率の変動方向と変動の幅は資本利潤率のそれとほぼ照応していたこともわかった。すなわち少なくとも，「収益性危機」が叫ばれ始めた 1960 年代後半から 70 年代初めまでの時期における利潤率低下要因は，「利潤分配率の低下」ではなく所得―資本比率の低下にあった[21] と考えるほうが合理的なのである。

　また 1974 年以降，利潤分配率が大きく低下しているのは事実だが，その要

---

19)　この点については，松橋透（1997）「恐慌の必然性の論定をめぐる諸論点―諸学説の批判的検討」富塚良三他編『資本論体系 9-1 恐慌・産業循環（上）』有斐閣を参照。

20)　Hill（1979），p. 125.

21)　この点は，長島誠一も指摘している。長島誠一（1981）『現代資本主義の循環と恐慌』岩波書店，114 頁。

第6章 資本主義経済の「内在的矛盾」と日本経済の長期停滞 151

因が賃金爆発によるものであるか否かは慎重に検討されなければならない。すなわち(1)式を書き換えて(2)式 $P^* = (1 - \frac{W}{Y}) \cdot \frac{Y}{K}$ (2) を得るが，ここで確かに労働分配率 $\frac{W}{Y}$ の上昇は資本利潤率を低下させる要因となる。しかし労働分配率を上昇させる要因は賃金爆発（＝実質賃金率の上昇）だけではない。すなわち所得—資本比率（資本生産性）$\frac{Y}{K}$ の停滞または低下も労働分配率を上昇させ，利潤率を低下させる要因となるのである。なぜならば資本生産性が低下している下では，賃金 W の上昇が消費財価格の上昇を追いかける防衛的なものであったとしても，Y の停滞から労働分配率が上昇し利潤率低下に寄与する[22] 可能性があるからである。また実際この時期の賃金上昇の多くの部分が，労働者階級が実質可処分所得の減少をキャッチアップしようとする防衛的性格のものであったことが M.A.King によって指摘された[23]。

すなわち戦後の高度経済成長を終焉させた 1970 年代の経済危機の核心部分をなす「収益性危機」の原因を，賃金率上昇という単一要因に帰着させる「グリン＝サトクリフ・テーゼ」およびハーヴェイ・伊藤誠が言うところの「利潤圧縮説」は一面的かつ表面的な分析であり，これによって「収益性危機」の真相を明らかにすることはできないのである。

6. 「利潤圧縮説」の 1990 年代不況への適用
——橋本寿朗の所説と日本の 1990 年代「収益性危機」の原因——

橋本寿朗はハーヴェイ・伊藤が分類した「利潤圧縮説」を平成不況と呼ばれた日本の 1990 年代不況の分析に適用した。ここではこの橋本の見解を検討する。なぜならば，橋本の所説には恐慌およびその形態変化としての長期停滞を，恐慌諸契機の有機的連関による制限機構の作動メカニズムによってではなく，賃金騰貴→利潤圧縮という単一要因によって説明しようとする理論的難点が，グリン＝サトクリフ・テーゼとはまた別の側面から如実に示されていると考え

---

22) この点を指摘したのは D.S.Yaffe であった。Yaffe, D.S.（1973），"The Crisis of Profitability: A Critique of the Glyn-Sutcliffe Thesis", *New Left Review*, No. 80, pp. 50–53.

23) King, M.A.（1975），"The UK Profit Crisis", *Economic Journal*, March, 1975.

るからである。

　橋本は平成不況を規定する「利潤圧縮」のメカニズムを次のように論じている。「投資の水準は予想収益率と利子率に依存して決定される」が「現在，投資が低水準にあるのは予想収益率が低いと考えられているからである」[24]。そしてその予想収益率が低い原因は「労働分配率が高すぎる」ことにある。すなわち1990年代における労働分配率の「70％を超える数値は戦後空前の高さであり」また「95−96年の労働分配率は先進諸国のなかで日本が一番高い」。そして「90年代に上昇傾向が続いたのも日本だけである」[25]。

　それでは労働分配率が高い原因はどこにあるのか。橋本は「賃金改定率が付加価値生産性の伸び率を上回り続けていることが労働分配率上昇を規定している」[26]とする。「賃金改定率」とは「常用労働者の〔賃金の〕加重平均値」[27]とされているので，これは1人当たり賃金の変化率とみなすことができる。また「付加価値生産性」とは「付加価値額を従業者数で……割った商」[28]とされているから，これは1人当たり付加価値額のことである。以上の関係を整理すると次のようになる。

　Y：付加価値総額　W：賃金総額　L：従業者数　とすると
$\dfrac{W}{L}=1$人当たり賃金 w　$\dfrac{Y}{L}=$付加価値生産性 y　である。
したがって　労働分配率 $\dfrac{W}{Y}=\dfrac{w}{y}$ となる。

　すなわち労働分配率が上昇するのは，労働者1人当たり賃金 w の上昇率が付加価値生産性 y の上昇率よりも高い場合，また逆に言えば，労働者1人当たり賃金 w の低下率よりも付加価値生産性 y の低下率のほうが大きい場合である。そして橋本は，「賃金改定率」（＝1人当たり賃金変化率）は「90年代には一貫して低下」しており[29]，また付加価値生産性も顕著に伸び悩んでいるとしてい

---

24)　橋本寿朗（2002）『デフレの進行をどう読むか』岩波書店。
25)　同上，8頁。
26)　同上，101頁。
27)　同上，101頁。
28)　同上，98頁。
29)　同上，101頁。

第6章　資本主義経済の「内在的矛盾」と日本経済の長期停滞　153

る[30]。したがって橋本が投資停滞の要因として挙げている「労働分配率が高すぎる」ことの原因は，正確に言うと，〈付加価値生産性の低下を上回るほど十分には，労働者1人当たり賃金が低下しなかった〉ということになる。そしてこのことを根拠に橋本は次のような驚くべき1990年代不況からの脱却策を提言した。すなわち，「名目賃金の引き下げ〔傍点は引用者〕)」を「労働組合が雇用を守るという観点から実施すれば……収益率は一気に高まり，設備投資も復活」し，「雇用増を伴った好循環への転換が図られるであろう」[31]と。

それでは果たして「名目賃金の引き下げ」という，デフレ下のデフレ政策によって長期不況からの脱却は可能であろうか。この問題を検討しよう。

まず，以上の橋本の見解に対しては，グリン＝サトクリフ・テーゼに対して浴びせられたのと同様の分析手法の難点を指摘することができる。すなわち橋本も述べているように，「投資の水準」は「予想収益率と利子率に依存して決定される」のであって，労働分配率したがってその裏返しの表現としての利潤分配率そのものによって規定されるのではない。資本家が投資の指標とする予想収益率は資本利潤率$\dfrac{\pi}{K}$である。そしてこの資本利潤率をここでは「利潤実現の条件」の問題も考慮して，先の(2)式を展開した(3)式で示す。

$$P^* = \frac{\pi}{K} = \left(1 - \frac{W}{Y}\right) \cdot \frac{Y}{Z} \cdot \frac{Z}{K} \tag{3}$$

(3)式においてZは生産能力を表す。したがって$\dfrac{Y}{Z}$は稼働率を表すが，これは利潤実現の条件を反映する指標である。また$\dfrac{Z}{K}$は資本ストックの効率性を表す生産能力—資本比率である。そしてここで労働分配率$\dfrac{W}{Y}$を1人当たり賃金wと1人当たり付加価値額（＝付加価値生産性）yに置き換えて(4)式を得る。

$$P^* = \left(1 - \frac{w}{y}\right) \cdot \frac{Y}{Z} \cdot \frac{Z}{K} \tag{4}$$

(4)式から明らかなように，労働分配率$\dfrac{w}{y}$の上昇すなわち〈付加価値生産性y低下率よりも1人当たり賃金wの低下率のほうが小さい〉という要因は，も

---

30)　同上，98頁。

31)　同上，9頁。

ちろん予想収益率すなわち資本利潤率の低下に寄与する。しかしそれだけではなく，実現条件の悪化を反映する稼働率 $\frac{Y}{Z}$ の低下も，また生産技術的要因を反映する生産能力―資本比率 $\frac{Z}{K}$ の低下も資本利潤率の低下に寄与するのである。それでは1990年代の「収益性危機」すなわち「予想利潤率の低下」はどのような要因により，またどのような論理によって規定されたのであろうか。(3)式を用いてこの問題を見ていく。

　まず1990年代の資本利潤率 $\frac{\pi}{K}$ の動向を確認しておくと，利潤率は1990年の20％からほぼ一貫して低下し続け，1999年には10％まで低下している[32]。そしてその利潤率低下の要因の1つが労働分配率 $\frac{W}{Y}$ の上昇にあることも確認できる。すなわち企業規模計で見た労働分配率は，1990年に67％であったがその後一貫して上昇し，1999年には76％となっている。また企業規模別で見ても，資本金10億円以上の企業で57％から66％へ，1億円から10億円未満の企業で64％から75％へ，1億円未満の企業では73％から83％へと上昇している[33]。

　しかし利潤率を規定する諸要因のうちここで注目すべきなのは，稼働率 $\frac{Y}{Z}$ の動向である[34]。すなわち稼働率（2005年＝100）は1991年1月をピーク（111.5）として以後一貫して低下し続け[35]，2001年11月には（9.11同時多発テロの影響もあり）84.7まで落ち込んだ。そしてそれが回復に向かうのは2002年5月以降である。

　以上のことから，1990年代の日本の資本利潤率の低下を規定した主導的要因は，労働分配率 $\frac{W}{Y}$ の上昇という利潤生産の条件の阻害ではなく，稼働率の低下をもたらした利潤実現の条件の悪化にあったと見るべきである。なぜなら

---

32)　『法人企業統計』各年版より。

33)　内閣府ホームページ（https://www5.cao.go.jp>siryou>shiryo4-3）。

34)　経済産業省「稼働率・生産能力指数統計」（2005年＝100）。

35)　ただし1996年12月から97年8月までの期間に例外的に上昇しているが，これは消費税率引き上げ前の駆け込み需要の影響によるものである。その証拠に消費税率が引き上げられた97年9月以降の落ち込みは特に大きく，その後も稼働率は低下し続けていく。

ば，不況下における労働分配率の上昇は，裏を返せば賃金所得が一定程度維持されていることによって消費需要が下支えされていること意味し，それは実現条件を緩和して稼働率を引き上げる要因になるはずである。しかし1990年代不況においてはその実現条件の緩和効果が発揮されず，稼働率の一貫した低下と利潤率低下が進行したのである。すなわちこのことは，この時期の実現問題がいかに深刻であったかを物語っているのである。利潤率低下を規定していたかに見えた労働分配率$\frac{W}{Y}$の上昇は，実は利潤πが大幅に減少したことによる利潤分配率$\frac{\pi}{Y}$低下の結果現象と見るべきであろう。

　以上の分析からすると，1990年代不況からの脱却のために本来なされるべきであったのは，賃金引き上げによる消費需要の拡大であったということになろう。しかし労働分配率上昇→利潤率低下という「利潤圧縮説」の一面的問題視角から平成不況を分析した橋本は，これとは真逆の「名目賃金の引き下げ」というデフレ下のデフレ政策を提唱した。そして実際に90年代以降，労働者派遣法の改定と歩調を合わせて資本による様々な賃金抑制策が実施されていった。そしてこれが「砂上楼閣の高収益」と今日の長期不況をもたらす一方の要因になっていることについてはすでに述べた。

　さらにバブル経済崩壊後の1990年代は各資本が過剰設備の取り崩し，すなわちストック調整に奔走した時期であり，そのことは(3)式の生産能力-資本比率$\frac{Z}{K}$の低下もまた利潤率低下の死重（デッドウェイト）として重くのしかかっていたと考えられる。このことは資本生産性$\frac{Y}{K}$が89年の0.96から93年の0.83へと急落した後，90年代を通じて低迷している[36]ことからも推測される。

　以上が1990年代の日本の「収益性危機」を規定した論理であると考えられる。そしてこの90年代の利潤率低下要因の1つであった資本生産性$\frac{Y}{K}$低迷への対応として実施されたのが設備投資の抑制であり，それが今日の長期不況を規定するもう一方の要因となっていることについてもすでに見た。

　以上のように見てくると，今日の日本経済の長期停滞を規定している賃金抑

36）　佐藤（2021），20頁。

156

制と投資抑制は，1990年代の「収益性危機」の原因分析の錯誤に基づいて実施された企業行動によって形成されたものと言えよう。賃金抑制と投資抑制によって確かに収益性は回復したのだが，しかしその反面において，もともと悪化していた利潤実現の条件が投資需要の減退と消費需要の減退および外需の減退によって一層悪化していったのである。

7. 1970年代欧米の「収益性危機」を規定した論理

それでは新自由主義的経済政策と短期収益性志向の企業行動がグローバルに展開される契機となった1970年代の「収益性危機」においては，資本制的生産の「内在的矛盾」がどのように開展していたのであろうか。本節ではT.E.ワイスコップの研究[37]を手掛かりにこの問題の真相を究明していく。

ワイスコップは戦後アメリカの5つの景気循環（Ⅰ循環1949〜54年，Ⅱ循環1954〜58年，Ⅲ循環1958〜61年，Ⅳ循環1961〜70年，Ⅴ循環1970〜75年）の膨張後期（ほとんどの循環において利潤率のピークは産出量のピークよりも先に訪れるが，その利潤率のピークから産出量のピークまでの期間。すなわち産出量は増大していくが利潤率は低下していく局面）における利潤率低下要因を，利潤生産の条件の変動を示す指標である労働分配率と利潤実現の条件の指標である稼働率および資本の有機的構成という技術的要因の3つに分解し，それぞれの要因の利潤率低下に対する寄与度を分析した。

そして先に示した(3)式　$P^* = \dfrac{\pi}{K} = (1 - \dfrac{W}{Y}) \cdot \dfrac{Y}{Z} \cdot \dfrac{Z}{K}$　の右辺第1項　$(1 - \dfrac{W}{Y})$　の低下から利潤率低下と恐慌を説明する学説を「労働勢力増大説」，右辺第2項$\dfrac{Y}{Z}$の低下に依拠する学説を「実現困難説」，そして右辺第3項$\dfrac{Z}{K}$の低下に利潤率低下の根拠を求める学説を「有機的構成高度化説」と名づけている。そしてワイスコップは，それぞれの恐慌の契機が戦後アメリカの5つの景気循環の転換点において利潤率低下に寄与した回数と度合いを析出し，ひとまず次のよう

---

37)　Weisskopf, T.E. (1978), "Marxian Perspective on Cyclical Crisis", *U.S.Capitalism in Crisis*, Union for Radical Political Economics. なお長島誠一氏も前掲書において，筆者と異なる分析視角からではあるがワイスコップの所説を検討している。

第6章　資本主義経済の「内在的矛盾」と日本経済の長期停滞　157

に結論づけている。

　　膨張後期の「利潤率低下を説明するものとして，労働勢力増大説が，資
　本の有機的構成高度化説や実現困難説よりも，実証的にはより多くの支持
　を得る」。
　　「有機的構成の変化は……利潤率に相対的にわずかな影響しか与えない」。
　また「実現条件の変化は膨張前期と収縮期においてのみ，利潤率の激しい
　変動を説明する。」[38]

　ここでワイスコップが〈実証分析の結果は類型化された利潤率低下のどの契
機を最も多く支持するか〉という，先に見たハーヴェイおよび伊藤と同様の問
題視点から，それぞれの契機の寄与度を量的に比較するという手法を採用して
いることには大いに問題がある。ワイスコップは，「マルクス自身の思考のな
かでは〔利潤率低下の〕基本的要因はダイナミックに関係づけられていた」[39]
ことを認識しているのだが，残念ながら彼の分析にはその視点が生かされてい
ない。しかし彼の分析の成果を，恐慌を規定する諸要因の有機的な連関という
「ダイナミック」な視点から読み替えることは可能である。以下，彼の所説を
この問題視点から見ていこう。

　ワイスコップが分析の対象とした景気循環のなかで，「収益性危機」が発生
しそれが深刻化した時期に照応するのは，Ⅳ循環（1961〜70年）とⅤ循環（1970
〜75年）である。この2つの循環において利潤率の動向を規定する諸要因はい
かに有機的に連関し合い条件づけ合って拡張過程の挫折・反転を不可避とした
のであろうか。

　まず注目すべきは，Ⅳ循環の膨張後期において「労働勢力増大説」の指標で
ある労働分配率（$1 - \frac{W}{Y}$）が利潤率の動向に対してプラスに寄与していること

---

38)　*Ibid.*, p. 372.
39)　Weisskopf, T.E.（1973），"Marxian Crisis Theory and the Rate of Profit in the Postwar U.S.
　　Economy", *Cambridge Journal of Economics*, March, 1973, p. 341.

である。すなわちこの循環の膨張後期においては，労働分配率が低下し逆に利潤分配率は上昇していたのである。このことは少なくとも，アメリカの1961〜70年循環の景気後退についてはグリン＝サトクリフ・テーゼが妥当していなかったことを意味するが，しかしそれにもかかわらず利潤率は低下している。そしてその主要な要因は操業度の低下にある。それの利潤率低下に対する寄与度はⅠ〜Ⅴの景気循環のなかで最も大きい。ではなぜこの循環において操業度は低下したのか。その原因は実は労働分配率の低下に求めることができるのである。

すなわち，いま労働分配率$\frac{W}{Y}$の分母を一般物価指数 Py で除し，また分子を賃金財物価指数 Pw で除してそれぞれリアルタームで求め，これを W^*/Y^* とおく。W^* は実質賃金であり，Y^* はリアルタームの産出量である。さらにこの分母と分子を投入労働時間 L で除して w^*/y^* を得る。ここで w^* は実質時間賃金すなわち実質賃金率を，また y^* は時間当たり実質産出量すなわち生産性を表す。したがって労働分配率$\frac{W}{Y}$が低下したということは，w^*/y^* が低下したということであり，したがってそれは実質賃金率の上昇を上回って，リアルタームでの産出量が増加し続けたということを意味する。

すなわちⅣ循環の膨張後期においては，生産性の上昇によって産出量は累増し続けたが，その反面において賃金所得の増加による消費需要の増大が十分ではなく，この実現の問題側面から操業度が低下し，かくして利潤率の低下と拡張過程の挫折・反転がもたらされたと推論できる。すなわちⅣ循環においては，労働分配率$\frac{W}{Y}$の低下という利潤生産の条件の緩和（それ自体としては利潤率を上昇させる要因）が，反面において消費需要の停滞という利潤実現の条件の悪化をもたらし，それによる操業度$\frac{Y}{Z}$の低下が利潤率の低下と拡張過程の挫折・反転を規定したと推論できるのである。

さらにこのⅣ循環の挫折・反転を規定した論理と，次のⅤ循環のそれとを比較検討してみると，そこには極めて興味深い論点が浮かび上がってくる。すなわちⅤ循環においてはⅣ循環と正反対に，労働勢力の増大（＝労働分配率の上昇）が利潤率低下に極めて大きく寄与した。一方操業度はこれまでにない異常なほ

第6章　資本主義経済の「内在的矛盾」と日本経済の長期停滞　159

どの大きさで利潤率を引き上げる方向に作用している。もちろんこの利潤率の浮揚要因は労働勢力の増大による利潤率の低下要因にかき消されて結果的に利潤率は大きく低下した。

　以上のことからV循環の挫折・反転については次の推論が可能であろう。すなわちV循環においては大幅な実質賃金の上昇によって消費需要が拡大し，利潤実現の条件が好転して操業度は上昇した。しかしその反面において利潤分配率が激落し，この利潤生産の条件の阻害から，利潤率低下→投資減退→拡張過程の挫折・反転が余儀なくされた。

　IV循環の挫折は，賃金率の上昇がこの過程を支えるために十分な消費需要の増大をもたらすには低すぎることによって発生したのに対して，逆にV循環の挫折は，賃金上昇が正常な利潤率を維持するには高すぎることによって生じたのである。それでは拡張過程の挫折・反転を規定したこの2つ論理は二者択一的なものであろうか。先に見たハーヴェイおよび伊藤誠の問題視角からすれば，この2つの循環の挫折・反転はそれぞれ異なる要因による異なる論理によって規定されたものということになるであろう。しかしそうでないことは次の事実がこれを証明している。すなわちV循環（1970〜75年）の膨張後期から続いた高率のインフレーションの過程において，実質賃金率の上昇は鈍化または停滞したが，しかし今度はそれによってもたらされた消費需要の減退によって不況が深化し，インフレと不況の併存というスタグフレーションが深刻化していったのである。以上のことは，拡張過程の末期には，賃金率を引き上げることによっても，また引き下げることによっても過程の挫折・反転を回避しえないある独特の再生産構造が形成されているということを意味する。そうした再生産構造の下で，IV循環においては，労働分配率の低下という「利潤生産の条件の緩和」それ自体が，消費需要の抑制という「利潤実現の条件の阻害」をもたらすことによって拡張過程の挫折・反転が規定され，またV循環においては，労働分配率の上昇という「利潤実現の条件の緩和」それ自体が，反面において利潤分配率の低下という「利潤生産の条件の阻害」をもたらすことによって過程の反転を規定したのである。すなわち「収益性危機」を規定した基本的な論理

160

は，まさに資本制的生産の「内在的矛盾」である「利潤生産の条件とその実現の条件との間の矛盾」の二律背反的・対抗的関係における現出であったのである。

それではこの二律背反の論理の作動を不可避ならしめる局面，すなわち拡張過程の末期現出する，賃金率を引き上げることによっても，また引き下げることによっても過程の挫折・反転を回避しえない独特の再生産構造とはどのようなものであろうか。このことを「一般的に解明」しておくことは意義あることである。

8.「内在的矛盾」の二律背反的・対抗的関係を現出させる再生産構造

「利潤生産の条件とその実現の条件との間の矛盾」の二律背反的・対抗的関係は拡張過程末期のどのような再生産構造の下において現出するか。本節ではこの問題を景気循環分析の古典とも言える W.C. ミッチェルの『景気循環』論[40] を通じて明らかにしていく。

ミッチェルは「景気循環の記述的分析の第一の目標」は，「どの回復，どの好況期，どの恐慌および不況にも生ずる諸連鎖を探りだすこと」にあるとして，景気循環および恐慌のメカニズムを「一般的に解明」しようとする問題視点に立っている[41]。この問題視点はマルクス恐慌論の分析視角——それはミッチェルが析出しようとした，どの循環においても「生ずる諸連鎖」の背後に資本制的生産の本質によって規定されるどのような内的制限機構が貫徹しているのかを問うものである——と同一のものではないが，しかしその研究は資本制的生産の「内在的矛盾」開展の究明にとって極めて有益である。

ミッチェルは，景気循環の局面転換を主導する規定的要因は投資の消長であり，その投資の消長を決する最大の要因は利潤率の動向であるから，好況過程挫折・反転の解明においても「議論全体を利潤の見込みに集中させなければな

---

40) Mitchel, W.C. (1959), *Business Cycles and their Causes*, University of California Press（種瀬茂・松石勝彦・平井規之訳（1972）『景気循環』新評論）.

41) *Ibid.*, p. xi（訳 7 頁）.

第6章　資本主義経済の「内在的矛盾」と日本経済の長期停滞　161

らない」とする[42]。そして平均的な利潤率がその絶頂に達しつつあり，「大多
数の企業が最大の利潤をあげつつある」[43]最好況の時期，すなわち「資本制的
生産の内在的矛盾」がまさに開展しようとするその局面において，利潤率と利
潤量を脅かす「脅威的なストレス」が徐々に蓄積されていく[44]とする。この
態様を価値論的視点からまとめると図6-2のようになる。

　まず好況過程の後期には，主に次の2つの理由から総生産物価値 W' = C + V
+ M に占める不変資本価値 C = d + R（固定資本の価値移転分 d と流動不変資本すな
わち原材料価値 R の和）の比率は増大し，逆に価値生産物 V + M の比率は低下し
ていく（図6-2の①②の矢印）。

　なぜならば，i)　好況末期の価格上昇と収益率の上昇を誘因として，「現行
の能率の標準を下回る機械やプラント」が稼働せしめられ[45]，またそうした設
備しか持たない限界的な企業が市場に参入してくるからである。それによって

図6-2　利潤率と利潤量を脅かす「脅威的なストレス」

V：可変資本　　M：剰余価値　　d：固定資本の価値移転分　　R：流動不変資本

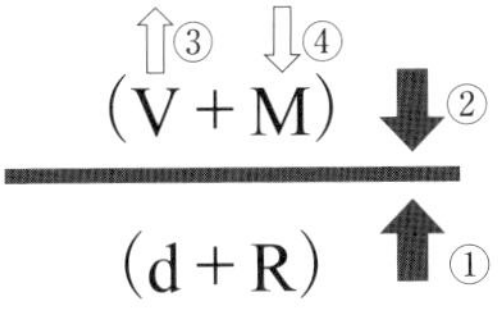

⇧③ ⇩④ $(V + M)$ ⬇② ―――――――― $(d + R)$ ⬆①	矢印①②の力の作動要因 i)　限界的設備の稼働と限界的企業の参入 ii)　不熟練労働者，「好ましくない者」の雇用，規律 　　のゆるみによる労働能率の低下 矢印③④の力の作動要因 i)　標準賃金の上昇 ii)　時間外労働への高い割り増し iii)　補足的費用（利子，地代，保険料等）の増大

---

42)　*Ibid.*, p. xi（訳8頁）.
43)　*Ibid.*, p. 62（訳87頁）.
44)　*Ibid.*, p. 29（訳49頁）.
45)　*Ibid.*, p. 31（訳51頁）.

不変資本使用量（d＋R）の増加速度は速まり，逆に価値生産物（V＋M）の増加速度は減退する。もちろん生産性の高い新鋭の機械の稼働は逆の効果をもたらすが，好況も末期に近づくほど限界的な設備が稼働する比重が高まってくる。

ⅱ）　次に労働力はその供給が不足するにつれて「その品質が悪化する商品」であり，労働力不足の下で不熟練労働者や「好ましくない者」の雇用，また規律のゆるみによる労働能率の低下しが生じ[46]，（d＋R）は浪費されて増大する一方，（V＋M）の増加は鈍化していく。

次に，相対的に低下してくる価値生産物（V＋M）のなかで可変資本 V の比率は上昇し，逆に剰余価値 M の比率は低下していく（図6-2 ③④の矢印）。その理由は，好況末期には ⅰ）「標準賃金が上昇」し，また ⅱ）「時間外労働への高い割り増し」が支払われ，さらに ⅲ）剰余価値 M から控除される「補足的費用」（利子，地代，保険料，一般職員の俸給など）が増大していく[47] ことにある。

以上のように好況末期の再生産過程の内部では，利潤率を圧迫する脅威的な力が作用しているのである。すなわち，利潤率 $P^* = \dfrac{M}{(d+R)+V}$ の下で，分母（d＋R）＋V を押し上げる強力な圧力と，分子 M の増加を抑制する圧力が同時に作用しているのである。こうした状況の下では，実質賃金率のわずかな上昇も，あるいは相対価格の変動の仕方如何によってはたんなる貨幣賃金の上昇であっても，資本制的生産の「内在的矛盾」の対極表現である「資本の絶対的過剰生産」——追加資本投下による雇用増大によって賃金率が上昇し，追加投資によって増大する価値生産物量が賃金として支払われる可変資本の増加量に等しいかまたはそれ以下となり，追加投資を行うことによって社会の資本総体が取得する剰余価値量が不変かまたはかえって減少さえする事態[48]——が容易に現出

---

46)　*Ibid.*, p. 34（訳 55 頁）.

47)　*Ibid.*, p. 154（訳 188 頁）.

48)　このことを簡単な数値例で示すと次のようになる。
　　いま 100N の雇用量の下で 100V ＋ 100M の価値生産物が生産されているとする。そして追加の△10N の雇用によって賃金 V が 10％上昇するとすれば，元資本の 100N が生み出す価値生産物は 110V ＋ 90M となり，追加資本の△10N が生み出す価値生産物は 11V ＋ 9M となる。かくして追加雇用による賃金上昇によって，資本総体が取得する剰余価値量は 100M から 99M へとかえって減少するのである。このような「資

第 6 章　資本主義経済の「内在的矛盾」と日本経済の長期停滞　　163

する素地が形成されているのである。すなわちこうした再生産構造の下では，利潤生産の条件の確保が極めて困難な状況の下に置かれている。そして利潤実現の条件もまた，次に見るように極めて制約された状況の下に置かれているのである。それは好況末期の生産諸部門間の次のような相対価格の変動に起因する。

　ミッチェルは好況後期における諸価格の変動パターンとして，「一つの意義ある事実が……確定されている」とする[49]。すなわち好況過程の進行途上，諸商品価格は粗原材料価格，生産財価格，消費財価格の順に上昇率のピークを迎える。そして D. クリーマーは，「個人所得の下方への転換は……一般実業の下降に……遅れる」[50] というデータを示している。このデータを一般化して考えると，景気循環過程において諸商品価格と個人所得（主要部分は賃金である）は図 6-3 に示したようなパターンで変動することになる。

　ここで注目すべきは好況過程末期の F2 局面である。ここでは粗原材料価格と生産財価格はすでに上昇率のピークを過ぎて上昇率が鈍化し始めている。そして消費財価格の上昇率だけが増大し続けているのだが，この消費財価格の上昇を支えている主要な要因は個人所得の上昇すなわち賃金所得の上昇である。したがって好況最末期の F2 局面においては，消費財の順調な実現（すなわち販

図 6-3　好況過程末期における諸価格の変動態様（★印が価格上昇のピーク）

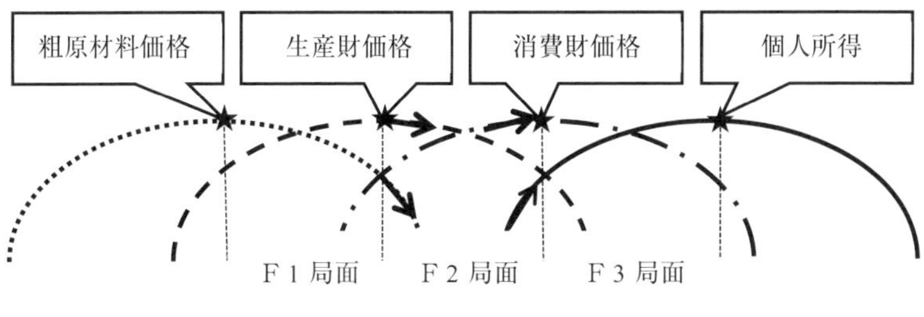

| 粗原材料価格 | 生産財価格 | 消費財価格 | 個人所得 |

F 1 局面　　F 2 局面　　F 3 局面

本の絶対的過剰生産」が現出すれば利潤率は急落し，蓄積は停止する。

49)　*Ibid.*, p. 60（訳 84 頁）.

50)　Creamer, D. and Bernstein, M.（1956）, *Personal Incom duaring Business Cycles*, Princeton University Press, pp. 17-22（春日井薫訳（1965）『景気循環Ⅳ―景気循環中の個人所得』文雅堂銀行研究社，52-56 頁）.

売）を可能とし，消費財部門の利潤率を維持していくためには，賃金率は上がり続けていかなければならないのである。

しかし逆にその賃金上昇は，すでに価格上昇率のピークを過ぎた粗原材料部門と生産財部門にとっては利潤率を圧迫する大きな要因となってのしかかってくる。したがって粗原材料部門と生産財部門が利潤率を維持していくためには，賃金率は上がってはならないのである。

賃金率は上がり続けなければならないと同時に上がってはならない。すなわち好況過程末期のこの局面において，「利潤生産の条件とその実現の条件との間の矛盾」がこのように二律背反的・対抗的関係において現出するのである。利潤獲得を自己目的として生産の無際限的拡大を志向する資本制的生産はこの制限機構から逃れることはできない。そして賃金率が上昇を続けた場合，その極限点として蓄積過程は「資本の絶対的過剰生産」に行き着く。この点において利潤生産の条件に絶対的な限界（資本総体が取得する剰余価値量の減少）が画されると同時に，それ以上の賃金上昇が不可能となることにより，消費需要にもまた資本制的生産に特有の増大限界が画されることになる。この意味において，「資本の絶対的過剰生産」はまさに「利潤生産の条件とその実現の条件との間の矛盾」の対局表現として把握されなければならないのである。かくしてこの点において拡張過程の挫折・反転が不可避となる。

また「資本の絶対的過剰生産」に行き着かない場合でも，ある程度の賃金率上昇が粗原材料部門や生産財部門の大幅な利潤率低下をもたらせば，それが蓄積の停頓を招く可能性は大いにある。この点をミッチェルは，「コストの浸食から利潤を守ることの不可能性は，粗原材料および生産者財を扱っている企業によっていちはやく経験される」[51]と指摘している。

それでは反対に，賃金率の上昇が緩やかかまたは停滞的な場合にはどうであろうか。その場合には，粗原材料部門と資本財部門の利潤生産の条件は緩和され利潤率は維持されるであろう。しかし反面においてそれは消費財部門での利

---

51)　Mitchell（1959），p. 60（訳 84-85 頁）.

第6章　資本主義経済の「内在的矛盾」と日本経済の長期停滞　165

潤実現の条件の悪化を意味するのであるから，この実現の問題側面から消費財
生産の停滞また消費財の過剰生産が発生する。そしてそれは——最終消費財生
産へと結実していく段階的序列をなす生産諸部門の立体的・相互的な構成を遡っ
て——全生産部門へと波及していくことになる。そしてそのことは，生産諸部
門の技術的＝経済的連繋によって規定される本来あるべき一定の部門構成（そ
れは生産力水準によって規定される）を破壊して，生産財部門が「自立的発展」
を遂げたことの裏返しの表現なのである[52]。

　拡張過程の挫折・反転を規定する「利潤生産の条件とその実現の条件との間
の矛盾」の二律背反的・対抗的関係における現出[53] の発現態様は上に見たケー
スのほかにもさまざまでありうる。そして1970年代に資本主義世界全体を覆っ
た「収益性危機」とスタグフレーションも，第7節で見たように，この「内在

[52]　この「生産財部門の自立的発展」とその挫折について，ミッチェルは次のように
　　論述している。すなわち好況の時期には「『生産手段産業』が，生産手段の提供を受
　　けるどの業種よりも，より急速に設備の拡張を示す」が，「好況の頂点に近づくにつ
　　れて……製鋼工場，鋳造工場，機械製作所，銅精錬所，採石場，製材工場，建設会社，
　　一般請負業等で……注文が減少する。」(Ibid., p. 41. 訳62頁)。
　　　またこの生産財部門の自立的発展とその限界については，松橋（1997）266-282頁
　　を参照のこと。
[53]　この二律背反の関係を，1929年恐慌とその後の30年代長期不況のなかに析出した
　　研究として Strachey, J. の "The Nature of Capitalist Crisis" (1935) は注目されるべきで
　　ある。ストレイチーは，1929年恐慌に先立つ好況の末期と景気後退の初期に，先進
　　資本主義諸国の実質賃金率は急激に上昇したという統計的検証を承けて，一方で「景
　　気循環の頂点での実質賃金率の上昇は過少消費説が誤っていることの決定的な証拠
　　である」(Ibid., p. 339) とするのであるが，しかし他方では，「それでは1929年恐慌は」
　　実質賃金率の上昇により「利潤を獲得しうるような生産を行うことができなくなっ
　　たことによって引き起こされたと論じてもよいであろうか？」と問い，この問いに
　　対しては「否である。そのように論ずることは，過少消費説論者と対極的な，しか
　　し同様の誤りに陥る」と答えている。そしてストレイチーは1929年恐慌の直前と直
　　後における再生産構造が，まさに本節で明らかにしたのと同様のものであったこと
　　を次のように論じている。すなわち「資本主義の現在のジレンマの性質は，消費需
　　要は市場を提供するためには低すぎ，同時に，利潤を獲得しうるような生産を可能
　　とするには高すぎる」のであると。彼はこの命題を「利潤と豊かさとの二律背反（the
　　dilemma of profit or plenty）」と名づけ，恐慌の原因は「実質賃金の上昇による収益性
　　の低下」そのものにあるのではなく，「独特の鋭い形態において現れる資本主義の基
　　本的な二律背反（dilemma）」にあるとしている（Strachey 1935, pp. 331-336）。

的矛盾」の独特の発現形態であったのである。また第3節と第6節で見たように，今日の日本経済の長期停滞は，この「収益性危機」の原因を利潤生産の条件の阻害によるものと錯誤し，その回復を利潤実現の条件の制約によって図ろうとしたことの必然的な帰結なのである。そしてここに利潤原理を内的ダイナミクスとして運動せざるをえない資本主義的経済システムの1つの限界がある。

利潤原理に突き動かされて無制限的拡大を遂げてきた資本主義経済は，いま地球の復元力の限界すなわちプラネタリー・バウンダリーに直面している。そして同時に資本主義的社会経済システムそのものもまた1つの本質的な限界（バウンダリー）に直面しているように思われる。利潤原理を相対化した新たな社会経済システムの構築が模索されなければならない。

参 考 文 献

佐藤拓也（2021）支え合う社会研究会編『資本主義を改革する経済政策』かもがわ出版

佐藤拓也（2019）「"生産性の停滞"とは何を意味するのか」『経済』2019年9月号

長島誠一（1981）『現代資本主義の循環と恐慌』岩波書店

二宮厚美（2009）『新自由主義の破局と決着』新日本出版社

橋本寿朗（2002）『デフレの進行をどう読むか』岩波書店

星野富一（2014）『現代日本の景気循環と経済危機』御茶の水書房

松橋透（1997）「恐慌の必然性の論定をめぐる諸論点―諸学説の批判的検討」富塚良三他編『資本論体系9-1 恐慌・産業循環（上）』有斐閣

―――（2002）「『生産と消費の矛盾』と『資本の絶対的過剰生産』の規定をめぐる恐慌論研究史」『商学論纂』第43巻1号

間宮賢一（2019）「長期不況」菊本義治他編『日本経済の長期停滞をどう見るか』桜井書店

村上研一（2024）『衰退日本の経済構造分析―外需依存と新自由主義の帰結』唯学書房

Creamer, D. and M. Bernstein（1956）, *Personal Incom duaring Business Cycles*, Princeton University Press（春日井薫訳（1965）『景気循環Ⅳ―景気循環中の個人所得』文雅堂銀行研究社）

Glyn, A. and B. Sutcliffe（1972）, *Capitalism in Crisis*, New York（平井規之訳（1975）『賃上げと資本主義の危機』ダイヤモンド社）

Harvey, D.（2005）, *A Brief History of Neoliberalism*, Oxford University Press（渡辺治監訳（2007）『新自由主義』作品社）

Harvey, D.（2011）, *Enigma of Capital and Crisis of Capitalism*, Profile Books（森田成也

第6章　資本主義経済の「内在的矛盾」と日本経済の長期停滞　167

他訳（2012）『資本の謎』作品社）

Hill, T.P.（1979）, *Profit and Rates of Return*, OECD

King, M.A.（1975）, "The UK Profit Crisis", *Economic Journal*, March, 1975

Mitchel, W.C.（1959）, *Business Cycles and their Causes*, University of California Press（種瀬茂・松石勝彦・平井規之訳（1972）『景気循環』新評論）

Strachey, J.（1935）, *The Nature of Capitalist Crisis*

Weisskopf, T.E.（1973）, "Marxian Crisis Theory and the Rate of Profit in the Postwar U.S. Economy", *Cambridge Journal of Economics*, March, 1973

Weisskopf, T.E.（1978）, "Marxian Perspective on Cyclical Crisis", *U.S.Capitalism in Crisis*, Union for Radical Political Economics

Yaffe, D.S.（1973）, "The Crisis of Profitability: A Critique of the Glyn-Sutcliffe Thesis", *New Left Review*, No. 80

第 7 章

日本経済の衰退と日本独占資本の没落
――外需依存と新自由主義の帰結――

村 上 研 一

はじめに――衰退日本の現実

　日本経済の長期停滞が続き，「失われた 30 年」との認識が広がっている。経済成長率の低迷に加え，実質賃金の減退と格差・貧困の広がり，貿易赤字と産業競争力低下，人口減少と地域社会の衰退，社会参加を阻まれた人々の孤独など，日本経済・社会の「衰退」が広く実感されている。こうした「衰退」を規定する根本要因として，日本産業・経済の停滞の実態把握が不可欠である[1]。

　購買力平価基準での各国の 1 人当たり GDP の推移を示した図 7-1 では，日本経済の国際的地位の低落が明瞭である。1990 年代には英仏独など欧州諸国と同水準だった日本の 1 人当たり GDP は，2000 年代に欧州諸国に後れ，2008-09 年不況を経て台湾に逆転された。第 2 次安倍政権下の 2013 年以降，日本の 1 人当たり GDP はイタリアとともに停滞し，2019 年に韓国，2021 年にイタリアに抜かれ，掲載した諸国中で最低水準となっている。

　貿易収支の推移を示した図 7-2 では，2010 年代以降に貿易赤字が常態化している。鉱物性燃料の赤字額拡大が明瞭であるが，電気機器や化学製品での黒

---

1)　本章の内容は，村上研一（2024）『衰退日本の経済構造分析―外需依存と新自由主義の帰結―』唯学書房の概要から成る。

図 7-1　各国の 1 人当たり GDP（購買力平価基準）の推移

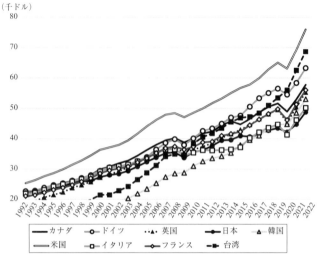

（出所）「IMF 世界経済見通し」各年版より作成

図 7-2　主な品目別貿易収支の推移

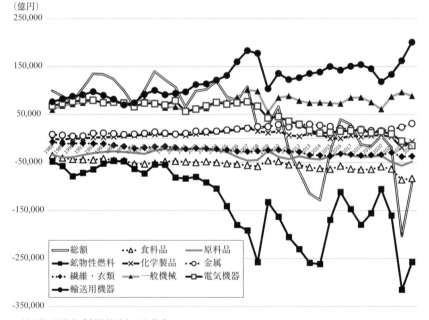

（出所）財務省「貿易統計」より作成

字額も減退している。コロナ禍のなかの 2020 年に輸出入とも縮小した後に拡大しているが，電気機器貿易が 2022 年以降に赤字に陥るなど産業競争力の低下も明らかであり，鉱物性燃料とともに食料品の貿易赤字額も拡大している。

1. 内需縮小と長期停滞
——外需依存的「経済大国」の帰結——

本節では，日本経済の衰退を招いた要因について，需要面から考察する。

1-1 高度成長と新鋭重化学工業の形成

実質 GDP の支出項目別寄与度の推移を示した図 7-3 では，高度成長期の 1950〜60 年代に経済成長率は 10% 前後の年が多いが，民間最終消費支出と民間企業設備投資の寄与度が高い。戦後の貧困水準からの生活改善と人口増に伴い増大した個人消費とともに，資源輸入に好都合な臨海部を中心にした新鋭重化学工業構築に伴う設備投資拡大が高度成長をリードした。後者に関して 1960 年版『経済白書』が「投資が投資をよぶ」成長と表現したように，鉄鋼を含む金属や化学など素材産業を中心に，大型化設備投資を軸に投資財・生産財の生産拡張が主導した成長によって，内需から独立した巨大な生産能力が形成された。日本の粗鋼生産量は高度成長末期に米ソ両国に匹敵する水準まで増加したが，1970 年の粗鋼生産量約 9,332 万トンに対して国内の粗鋼見掛消費量は約 6,988 万トンにすぎず，粗鋼生産の約 4 分の 1 が輸出されていた。

こうした日本経済の高度成長の背景として，冷戦下アジアでの「反共の防波堤」として日本資本主義の成長・発展を支援した米国の世界戦略の下，技術導入，輸入資源調達，海外販売が許容された点は見過ごせない。なお次節で検討するように，冷戦終結とソ連崩壊を経て米国の世界戦略は一変し，さまざまな対日要求によって日本産業は深刻な影響を被ることになる。

1-2 「減量経営」と輸出依存的「経済大国」化

図 7-3 では 1970 年代後半から 1980 年代前半に経済成長率は減速したが，支

図7-3 実質GDP成長率への主な支出項目別寄与度の推移（年度）

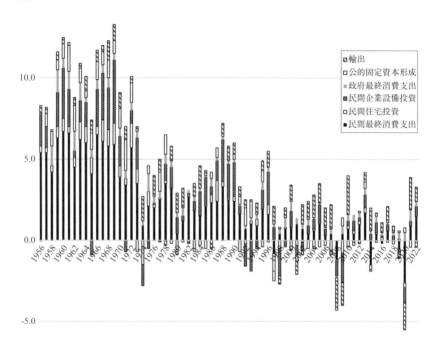

（注）1998年以前は1990年基準・68SNA，1999年以降は2015年基準・08SNAによる。
（出所）「国民経済計算年報」各年版より作成

出項目別には輸出の寄与度が高まり，輸出依存的成長を続けたと捉えられる。1975-80-85年接続産業連関表で実質輸出額の増加に対する産業別寄与率を算出すると，電機産業と自動車産業の合計で1970年代後半，1980年代前半ともに8割程度を占め，両産業が輸出拡大の中心であった。電機・自動車両産業の輸出拡大を可能にしたのは，「減量経営」によるコストダウンを通じた国際競争力強化である。1960年代に確立した労使協調，完成品メーカーごとの重層的下請・系列関係を伴う日本的経営を基盤に，労働者や系列・下請企業の支

配に基づいて大企業の高蓄積と競争力強化が実現した[2]。1975年・80年・85年の電機・自動車産業の国内生産と従業者数の推移を示した図7-4では，国内生産が4倍弱に拡大した電機産業の従業者数の増加は1.5倍程度，国内生産が2倍強に増加した自動車産業の従業者数の増加は1.2倍程度に抑制されている。このように「減量経営」では，国際競争力強化と輸出拡大に伴う国内生産の伸びに比して雇用拡大が大幅に抑制されたが，後者の抑制は賃金そして消費支出の相対的停滞を意味し，一国内での「生産と消費の矛盾」の拡大に帰結した。

高度成長期に形成された巨大な重化学工業生産力を基盤とした日本産業は，電機・自動車など輸出産業を中心に過剰な国内生産能力を抱えつつ，輸出によって過剰の発現が阻止される構造，すなわち外需依存的再生産構造に帰結したと捉えられる。こうした日本産業の特質は，乗用車の国内生産と国内販売の推移を示した図7-5，および電機・自動車産業の販路の推移を示した図7-6で，

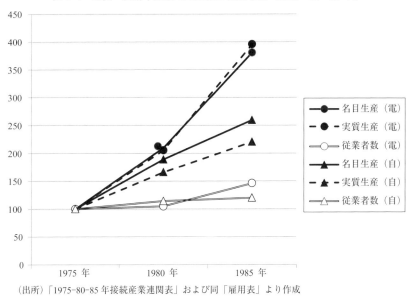

図7-4　電機・自動車産業の生産額と従業者数（1975・80・85年）

（出所）「1975-80-85年接続産業連関表」および同「雇用表」より作成

2）　丸山恵也（1989）『日本的経営—その構造とビヘイビア—』日本評論社。

図 7-5 乗用車の国内生産と国内販売の推移

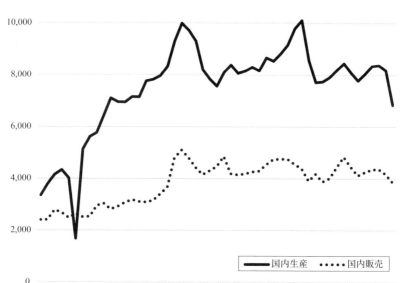

(出所)日本自動車工業会発表資料より作成

図 7-6 電機・自動車の販路(国内消費・輸出)の推移

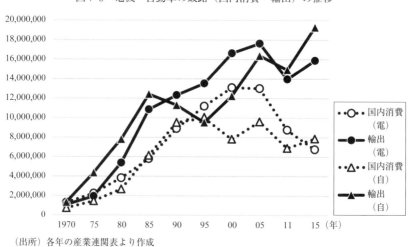

(出所)各年の産業連関表より作成

第 7 章　日本経済の衰退と日本独占資本の没落　175

1970 年代後半から 80 年代前半，国内販売が横ばいである一方での国内生産の大幅な拡大，および国内消費を上回る輸出の伸びが見られる点に表れている[3]。

　日本からの輸出拡大は欧米諸国への「集中豪雨的輸出」となり，スタグフレーション下で「収益性危機」に喘ぐ欧米企業の収益性悪化を招いた。先進国では英米両国を嚆矢とする新自由主義については，独占資本の収益性を追求する諸条件の整備と収益性を阻害する諸要素の除去を志向したものと捉えられるが，日本産業への対抗，ないし日本型モデルを用いた収益向上策の性格も有すると考えられる。一方，韓国，台湾などアジア NIEs，さらに 1992 年の鄧小平「南巡講話」を経た中国が外資と外国技術を導入し，輸出拡大を軸に経済成長を志向するようになった。これら地域で豊富な低賃金労働力を活用した競争力強化，輸出志向型成長が実現したことは，輸出依存的「経済大国」日本の成長パターンの継承と同時に，日本産業のライバルとしての台頭をも意味している[4]。

1-3　「失われた 30 年」と非正規雇用拡大，内需停滞

　図 7-3 では「失われた 30 年」へと転換した 1990 年代，民間企業設備投資がマイナスに陥った一方，輸出の寄与度が高まっている。1990 年代後半以降は民間最終消費の寄与度が大きく縮小し，消費を中心とする内需停滞が日本経済の低迷を規定したことが明瞭である。日本経済は 1990 年代不況を経て 2002〜08 年に好況局面を迎えたが，図 7-3 の支出項目別寄与度では輸出の伸びが顕著で，民間企業設備投資が続いている一方，民間最終消費支出の伸びは小さい。この時期，図 7-5 では乗用車の国内販売が低迷するなかで国内生産が拡大し，図 7-6 では電機・自動車産業とも輸出の伸びが国内消費の伸びを上回っている。

　図 7-2 で 2000 年代好況期の産業別貿易収支を検討すると，自動車を中心とする輸送用機械と一般機械の黒字拡大が顕著で，電気機器の貿易黒字も高水準を維持している。図 7-4 と同様に，自動車・電機産業の 1995 年・2000 年・

---

3)　村上研一（2013）『現代日本再生産構造分析』日本経済評論社。
4)　涌井秀行（2005）『東アジア経済論』大月書店。

図 7-7　電機・自動車産業の実質国内生産額と従業者数（1995・2000・2005 年）

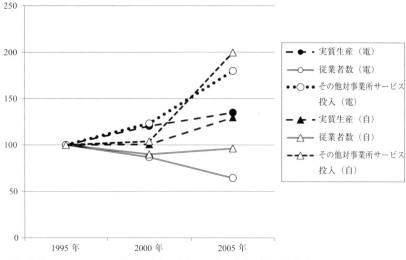

（出所）「1995-2000-2005 年接続産業連関表」および同「雇用表」より作成

　2005 年の国内生産と雇用の動向を図 7-7 に示したが，同図での「その他の対事業所サービス投入」は産業連関表における自動車・電機産業から「その他の対事業所サービス」部門への投入額を示し，同投入額の多くは労働者派遣サービス業や業務請負業への支払いであり，非正規雇用を中心とする外部労働力購入を意味している。図 7-7 では，1995 年から 2005 年に実質国内生産が自動車・電機産業とも約 1.3 倍に拡大しているが，直接雇用者を示す従業者数は 95 年の水準を下回り続けている一方，「その他の対事業所サービス投入」が 2 倍弱に拡大している。図 7-8 に示したように，1990 年代から 2000 年代にかけて正規雇用者が減少する一方で非正規雇用者が拡大しており，1995 年に日経連が非正規雇用の拡大によってコスト削減を図る「新時代の「日本的経営」」を打ち出し，労働者派遣法改定等，非正規雇用を利用しやすくする法制度が整備されるなかで，正規雇用の非正規雇用への置き換えが進んだことを示している。こうした非正規雇用の拡大による労賃コスト削減は，上記のように日本の輸出産業のライバルとして台頭したアジア諸国への対抗策を意味するものでもあるが，2000 年代に輸出拡大を遂げた自動車産業，また貿易黒字を維持していた

図 7-8　正規雇用・非正規雇用者の推移

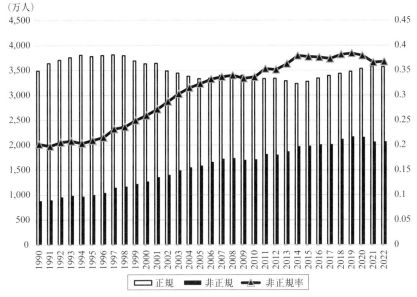

(出所)「労働力調査」より作成

電機産業の国際競争力の維持・強化に寄与したものと捉えられる。他方，非正規雇用者の構成比の増大は平均賃金の低下に帰結し，図 7-9 に示したように，家計の実収入が 1997 年をピークに 2000 年代前半にかけて大きく低下し，消費支出も減退，内需の縮小に帰結し，日本経済の外需依存を決定づけた。

このように 2000 年代日本経済は輸出依存的好景気を実現したが，非正規雇用拡大によるコスト削減を通じた競争力強化が推進力となったため，非正規雇用拡大が実収入減退を招いて内需縮小に帰結し，日本経済の外需依存性が深化した。継続雇用の保障がなく，昇給も見込めない非正規雇用者の増大は，1990 年代に学校を卒業したいわゆる「ロスト・ジェネレーション」世代を中心に，子育てのための経済的基盤を得られない，あるいはその見通しを持てずに結婚や出産を諦める人々の増加を通じて少子化と人口減少につながり，中長期的で不可逆的な内需縮小を決定づけた。この点については，非正規雇用者が増加し，家族形態が多様化するなかでも，男性正規雇用者の長期雇用・年功賃金と男女

図 7-9 消費者物価・実収入・消費支出の推移（2000 年 = 100）

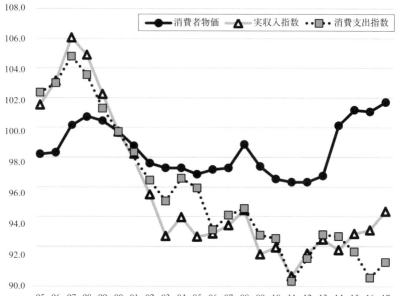

(注) 1. 実収入と家計支出は 2 人以上・勤労世帯について。
    2. 消費者物価指数は年平均・総合指数。
(出所)「家計調査」および「消費者物価指数」より作成

図 7-10 消費財の輸入品浸透率の推移

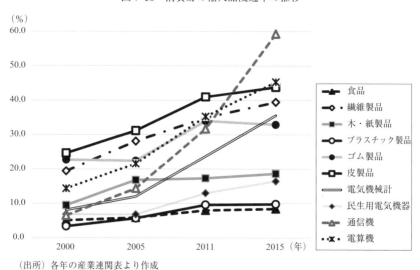

(出所) 各年の産業連関表より作成

第 7 章　日本経済の衰退と日本独占資本の没落　179

役割分担を前提に，教育費や住宅費用を父親の年功賃金に依存してきた日本的な生活保障のあり方が改められなかったことの帰結とも捉えられる。さらに実収入の低下は，より安価な輸入品の購入につながり，図 7-10 に示された国内消費市場における輸入品の浸透率上昇にも帰結した。輸入品の流入が国内の内需向け産業の経営を脅かし，国内供給力減退を招いた点も看過できない。

2.　企業経営の変貌と国内供給力衰退
——新自由主義の帰結——

図 7-2 で検討したように，2010 年代以降に貿易赤字が常態化したが，輸出産業の貿易黒字の縮小は国内供給力衰退の反映と捉えられる。前節では 1970 年代以降，日本産業が内需を犠牲に産業競争力・供給力強化を図り，輸出依存的成長を続けたと把握できたが，近年では国内供給力の減衰が検出される。

2-1　設備投資停滞と企業経営の変貌

経済産業省「鉱工業指数」から産業別生産能力指数（2010 年 = 100）の推移を示した図 7-11 では，製造業全体の生産能力は，2008〜09 年不況下で減退に転じた後，2010 年代を通して縮小を続け，2021 年には 92.3 まで低下している。産業別には，生産用機械工業の生産能力が 2010 年代に増加を続け，パルプ・紙・紙加工品工業と非鉄金属工業も 2010 年代後半に 2010 年の水準を保っている。一方，自動車工業や鉄鋼業を含めた多くの産業は 2010 年代に生産能力が低下し，製造業全体の生産能力縮小を招いた。電子部品・デバイス工業と電気機械工業は 2010 年代後半に一時的に生産能力が高まったが，情報通信機械と家庭用電気機器の生産能力は大幅に減退し，電機産業全体の供給能力は縮小したものと捉えられる。

産業連関表から推計した産業別純投資額の動向を示した図 7-12 では，産業合計の純投資額は 1995 年 3.4 兆円，2000 年 2.3 兆円，2005 年 0.5 兆円と減退し，2011 年には −1.6 兆円となっている。1995 年から 2005 年にかけて，機械工業を除いて各産業とも純投資額が減退しているが，インフラ産業と建設・不動産

図 7-11　生産能力指数の推移（2010 年度 = 100）

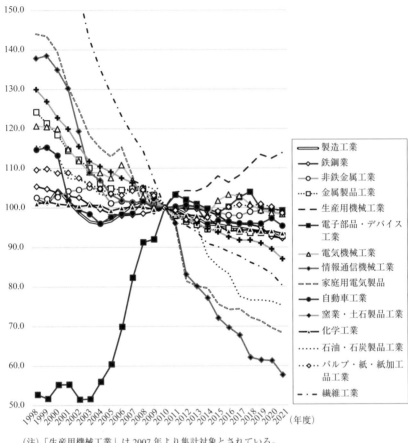

（注）「生産用機械工業」は 2007 年より集計対象とされている。
（出所）経済産業省「鉱工業指数」より作成

の落ち込みが顕著である。また流通部門は 1995 年以降一貫して，素材重化学工業は 2000 年以降に純投資がマイナスとなっている。図 7-12 では好況下の 2000 年から 2005 年に，輸出産業である機械工業の純投資が拡大した一方，農林漁業，軽工業，建設・不動産，流通部門，公共サービスなど内需関連の諸産業の純投資は減少している。上記のようにこの時期，非正規雇用者の増大を通じて内需を犠牲にした輸出競争力強化が図られ，機械工業を中心に輸出依存的好景気が現出した一方，個人消費および内需産業は停滞したが，この時期の純

第7章 日本経済の衰退と日本独占資本の没落　181

図 7-12　部門別純投資額の推移

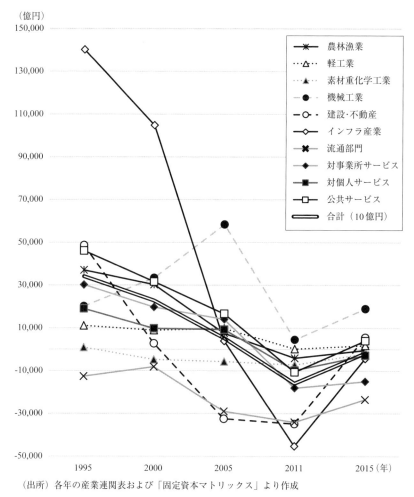

（出所）各年の産業連関表および「固定資本マトリックス」より作成

　投資における産業間の分岐は，こうした政策と景気・産業動向を反映している。2011 年には各産業とも純投資額は大幅に減少し，機械工業と軽工業以外で純投資額はマイナスである。2015 年に各産業の純投資額は増加したが機械工業も含めて 2005 年水準を下回り，2010 年代には内需産業が停滞を続ける一方，輸出産業でも投資が停滞するようになったと捉えられる。なお図 7-3 でも 2010 年代に，民間企業設備投資の寄与度は低迷している。

次に，設備投資の減退の要因について，企業経営の変貌の観点から考察しよう。「法人企業統計」から，金融・保険業をのぞく全産業・全規模企業の設備投資額と売上額，経常利益，内部留保，納税額，従業員人件費，配当金の推移（1995年度＝100とする指数）を示した図7-13では，1990年代末以降，売上が低迷するなかで，配当金と経常利益，内部留保が顕著に増大している。経常利益と並行して納税額が増加した1980年代後半とは異なり，1990年代末以降，とりわけ2010年代には経常利益の大幅な増大にもかかわらず納税額は増加しておらず，法人減税など企業負担軽減を図る税制改革の進展を反映しているもの

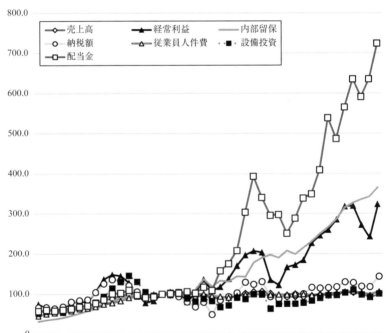

図7-13 法人企業の経営動向（1995年度＝100）

(注) 1. 内部留保：利益準備金，積立金および繰越利益剰余金の合計額。
2. 従業員人件費：従業員給与，従業員賞与および福利厚生費の合計額。
3. 納税額：法人税，住民税および事業税の合計額。
4. 設備投資：ソフトウェアを除く設備投資。
(出所)「法人企業統計」より作成，金融・保険業のぞく全産業・全規模の企業が対象

第7章　日本経済の衰退と日本独占資本の没落　183

と捉えられる。また，設備投資とともに従業員人件費は停滞が続き，売上が停滞するなかで日本企業は，設備投資と人件費を抑制することで利益を拡大し，それを配当金と内部留保に振り向けるような企業経営へと変貌したことが明らかである。こうした企業経営の変化が設備投資抑制を招いた一因となり，図7-11で2010年代に鮮明になっている国内産業の供給力減退につながったものと理解できる。

2-2　米国の対日要求と新自由主義的制度改革

上記のような1990年代以降の企業経営の変貌は，どのような要因に規定され，促進されたのだろうか。考察を続けよう。

1992年の米国大統領選挙で再選を狙った「冷戦の勝者」ブッシュ（父）大統領に対して，民主党のクリントン候補は冷戦終結後の「新しい世界経済において米国が発揮しなければならない経済的リーダーシップに焦点を当てる」（クリントン大統領就任直後の1993年2月のアメリカン大学での講演）ことを掲げて当選した。クリントン政権のカンター通商代表は「過去の政権は，外交政策，防衛問題を理由に米国の経済的・通商利益を無視し続けてきた」が「ポスト冷戦の時代では，国家安全保障はわれわれの経済力にかかっている」とし，「通商政策についていえば，米国は，開かれた市場，拡大された通商の擁護者であり続けるが，同時に他国市場がわれわれの製品とサービスに開かれていることを主張したい」と述べ，日本を含む経済的ライバル諸国の市場開放とそこでの米国企業の利益を後押しする「戦略的通商政策」を掲げた[5]。とりわけ，米国の「経済的リーダーシップ」に対するライバルと目された日本産業・企業に対しては，1994年以降，日米両国間で交わされるようになった「年次改革要望書」を通じて，市場開放や様々な制度改革が迫られ，日本政府は米国政府の要求に応えて国内制度改革を進めた。表7-1には1990年代以降の日本における主な会社・会計制度改革の内容を示したが，制度改革が企業経営に及ぼした影響を中心に

---

5)　萩原伸次郎（2011）『日本の構造「改革」とTPP─ワシントン発の経済「改革」─』新日本出版社，75-81頁を参照。

表 7-1　1990 年代〜2000 年代の主な会社・会計制度改革

施行・実施時期	事　項	内　容
1989-90 年	日米構造問題協議	
1993 年	商法改正	株主代表訴訟の簡素化・低費用化
1994 年	商法改正	自社株の取得・償却が解禁
1997 年	商法改正	ストックオプションの解禁（株主総会での議決）
	独占禁止法改正	持株会社の解禁
1999 年	商法改正	株式交換制度の創設（国内企業に限る）
	会社分割法制	企業の分社化・リストラが容易に
1999 年度	金融商品取引法改正	上場企業にキャッシュフロー計算書の作成義務づけ
2000 年度	企業会計基準第 10 号	売買目的で保有する金融商品の時価会計導入義務づけ
2001 年	企業会計基準委員会の設置	企業会計・監査基準の策定を企業会計審議会から移行
2001 年	商法改正	「金庫株」（自社株保有）解禁（株主総会の議決で）
2001 年度	企業会計基準第 10 号	持合い株への時価会計義務づけ
2002 年	商法改正	委員会等設置会社（社外取締役含む）設立可能に
2003 年	商法改正	取締役会の判断で自社株購入可能に
2005 年度	企業会計基準適用指針第 6 号	固定資産への減損会計の義務づけ
2006 年	新会社法施行	株式交換制度が外資にも解禁
2006 年度	企業会計基準適用指針第 6 号	「のれん代」の一括償却禁止
2010 年度	企業会計基準第 26 号	包括利益の開示義務付け
2013 年 6 月	「日本産業再興プラン」	コーポレートガバナンス・コードの適用開始
2014 年 2 月		日本版スチュワードシップ・コードの策定
2014 年	会社法改正	社外取締役を置かない上場企業は株主総会で理由説明義務
2019 年	会社法改正	公開会社・大企業に社外取締役を義務づけ

（出所）筆者作成

検討しよう。

　米国政府は 1989 年に開始された日米構造問題協議以来，日本企業の系列関係・系列取引を批判し，株式持合い解消と株主重視の経営への転換を迫った。また 1999 年に OECD が報告した「コーポレート・ガバナンス原則」では，米英主導の事務局体制の下で「株主……の利害に高度の優先順を与える」[6]と明

記され，株主による経営監視や株主還元を強化する米国式経営方式への転換を志向する諸制度改革が日本でも推進されるようになった[7]。

1993年商法改正で株主代表訴訟の簡素化，1994年には株価上昇につながる自社株の取得・償却が解禁，2001年には取得した自社株を保有し続ける「金庫株」が解禁され，株主還元の拡大を可能にする制度が整えられた。1997年には経営者報酬としてストックオプションが解禁され，株価上昇が経営者個人の利得に直結することとなった。一方，2002年商法改正で米国式の委員会等設置会社の設立が認められたが，同形態の企業では株主利害を代表する社外取締役を中心とする指名・監査・報酬委員会が執行役を監視する統治形態となる。

他方，1997年の独禁法改正で持株会社が解禁，1999年に会社分割法制が制定され，分社化や事業売却など経営再編を進めやすくなった。また1999年に株式交換制度が解禁，2006年の新会社法では外資系企業も利用可能となり，子会社株を用いた三角合併を通じた企業買収が容易になったが，他企業の買収・買収からの防衛の両面で高株価が有利となることから，株価上昇が志向されるようになった。このように，米国の要求を背景とした会社制度改革は日本企業が配当や自社株買いなど株主還元を強化する誘因となり，人件費や設備投資を抑制して収益及び内部留保の拡大を招いたことは，図7-13でも明瞭に示されている。

1990年代末以降，国際会計基準の導入を中心に，日本の企業会計制度は大幅に改定された。リース会計や退職給付金会計の変更，連結会計の導入が行われたが，企業に投資あるいは企業買収する株主・投資家の立場からの企業評価が基調を成した。1999年度から上場企業に義務づけられたキャッシュフロー計算書では「設備投資や有価証券投資の拡大は，キャッシュ・フローをマイナ

---

6) OECDの「コーポレート・ガバナンス原則」については，平田光弘（2001）「OECDのコーポレート・ガバナンス原則」（東洋大学『経営研究所論集』第24号）を参照。

7) 日本における米国式経営への転換の経過については，ロナルド・ドーア（2006）『誰のための会社にするのか』岩波書店；菊池信輝（2016）『日本型新自由主義とは何か』岩波書店；柚木澄（2020）「アメリカ式経営の導入と日本的経営」（『経済』2020年11月号）を参照。

ス表示する」とされ，「長期的視点に立った経営戦略を弱めることに作用」[8] した。さらに 2000・2001 年度には，企業が保有する金融資産について取得原価評価を改め，決算時の証券価格を基準とする時価評価が義務づけられ，株価低迷下のこの時期に保有株式の含み損を抱えていた日本企業は評価損計上を避けるために持合い株の売却を迫られた。こうして株式相互持合いを紐帯とした6大企業集団が解体された一方，機関投資家を含む外国人による株式保有が拡大し，日本企業が株主還元の拡大を迫られる要因となった[9]。

2006 年 3 月期決算から上場企業および大企業には，収益性が低下した事業資産の簿価を減額させる減損会計が強制適用され，低収益事業の分社化・リストラや，すぐに収益が見込めない分野への研究開発や設備投資を抑制する要因となった。2006 年度からは国際会計基準適用企業では企業買収時の「のれん代」の定期償却が不要となり，企業買収が容易になったことから，買収からの防衛のために高株価が一層志向されるようになった。このように会計制度改革は，企業買収の容易化，短期収益に左右される株価など金融市場の動向が企業経営に及ぼす影響を増幅させたが，「アメリカの金融資本や投機家が日本の企業や事業を買い叩くためのインフラ整備しようとするもの」[10] と評価できる。こうして多くの日本企業は，中長期的視点に基づく研究開発・設備投資を抑制する一方，株主還元の拡大，高株価につながる短期的収益性を追求するようになった。高株価の実現には，配当の増加とともに自社株買いによる発行済み株式数の縮小も有効であるが，自社株購入のためにはその原資となる内部留保の積み上げが前提となる。

以上の会社・会計制度改革に伴って，図 7-13 に示されたように日本企業の経営は人件費や設備投資を抑制して短期的収益を高め，内部留保と株主還元を増大させる方向へと変貌した。なお図 7-13 では第 2 次安倍政権下の 2014 年度

---

8) 熊谷重勝（2003）「キャッシュフロー計算書」小栗崇資・熊谷重勝・陣内良昭・村井秀樹編『国際会計基準を考える』大月書店所収，181 頁。

9) 鈴木健（2008）『六大企業集団の崩壊』新日本出版社；佐々木憲章（2019）『日本の支配者』新日本出版社，6-91 頁を参照。

10) 角瀬保雄（2005）『企業とは何か』学習の友社，120 頁。

以降，内部留保と配当が一層増大している。新会社法が施行された2006年の6月，日本経団連は「我が国におけるコーポレート・ガバナンス制度のあり方について」を公表し，社外取締役など米国式統治制度の導入を批判し，社外取締役の義務づけは見送られた。しかし，第2次安倍政権下の2014年会社法改正で上場企業が社外取締役を導入しない場合に株主総会で説明が必要となり，2019年改正では社外取締役の選任が義務づけられた。こうして，株主利益を代弁する社外取締役の経営参画が義務づけられ，日本企業は株主還元をさらに強化することとなった。安倍政権は「日本再興戦略2014」で，「コーポレートガバナンスの強化により，……グローバル水準のROEの達成を一つの目安に」，「企業の「稼ぐ力」を……高め」ることを掲げ，東京証券取引所と金融庁が原案を作成した上場規則「コーポレートガバナンス・コード」が施行された。ROE（＝当期純利益÷自己資本）で示される「稼ぐ力」の強化が政策目標となったが，コンサルタントやベンチャーキャピタリストなどの実務経験者を含めて，単年度のROE向上の追求が配当の増大による株主＝投資家利益の拡大につながる一方，経営の短期収益志向を強め，中長期的観点からの研究開発や設備投資を阻害したものと評価されている[11]。

2-3　新自由主義的改革の帰結

　以上で検討したように，米国からの要求を背景に会社・会計制度改革が進み，日本企業は株主利益を重視し，短期的収益を追求する経営へと変貌した。企業経営の株主利益優先・短期収益志向への転換が，日本製造業の投資減退を招くとともに，製造能力と競争力の喪失を招いた。短期収益志向の経営では「今儲かる」分野のみに注力され，現在の収益性は低いものの中長期的には意義を持つ産業技術の研究開発や，現場で技術・ノウハウが継承されてきた長期的雇用が軽視されがちになる。2000年代前半，不良債権処理を政策課題に掲げた政

---

11)　手島直樹（2015）『ROEが奪う競争力』日本経済新聞出版；原丈人（2017）『「公益」資本主義』文藝春秋；三和裕美子（2016）「ヘッジファンド・アクティビズムと現代企業」（『経済』2016年12月号）新日本出版社などを参照。

府が，銀行に対して短期収益性の視点から不良債権処理を迫る一方，会社分割・雇用形態の多様化を可能とする法整備を行ったことで，不採算部門売却・人員整理が外国企業への技術流出につながり，産業競争力の低下に結果した[12]。

こうした企業経営の変貌の下，総合電機メーカーは，国際競争が激化して収益性が下がった部門の分社化・リストラ，人件費の低廉なアジア企業との提携を進めたが，人員整理の対象となった技術者が韓国・台湾メーカーに移籍し，研究開発能力や生産技術が流出した[13]。こうして日本電機産業の国際競争力は衰退し，図7-2では2010年代に電気機器の貿易黒字が急速に縮小している。

一方，図7-2で輸送用機械は2010年代も貿易黒字を維持し，日本自動車産業が強固な国内生産基盤を有していることを示している。ただし，日本自動車メーカーの国内生産・輸出・海外生産台数と日本からの自動車部品輸出量の推移を示した図7-14では，2000年代まで完成車の海外生産と部品輸出が並行して増大していたが，2010年代には完成車の海外生産がさらに拡大する一方で部品輸出は停滞している。海外生産・販売の中心が新興国に移るなかで，コストダウンの必要が高まり，日本自動車メーカーが研究開発や部品調達を含めた「深層現調化」[14]を進め，サプライチェーン全体の海外展開を拡大させたことを反映している。なお日本メーカーはEV転換に遅れがちで，2023年の自動車輸出台数で日本はEV生産を急拡大させた中国に逆転されており，今後も輸送用機器の貿易黒字が拡大するかは不確かである。自動車産業では自動運転や電動化など技術革新が進み，とりわけ電動化に伴う部品点数削減は，原動機や変速機を中心に技術的優位を維持してきた日本自動車産業の競争力に影響を及ぼすことも予想される。

このように1990年代以降，米国の対日要求にしたがって新自由主義的制度

---

12) 日本産業の国際競争力低下については村上（2024）第5章を参照。

13) 湯之上隆（2013）『日本型モノづくりの敗北』文藝春秋；藤田実（2014）『日本経済の構造的危機を読み解く』新日本出版社；佐藤文昭（2017）『日本の電機産業　失敗の教訓』朝日新聞出版社などを参照。

14) 清晌一郎編（2017）『自動車産業の海外生産・深層現調化とグローバル調達体制の変化』社会評論社を参照。

改革が進められ,外需依存的「経済大国」を支えた電機・自動車産業も含めて産業競争力,国内産業の供給力が衰退したことが明らかになった。米国の経営学者のポーターは,米国と日本やドイツの企業経営を比較した1992年の論考[15]のなかで,「米国の制度は,まず第一に,米国企業の長期的な業績を犠牲にしてでも,目先の株価上昇に関心を持つ株主の目的を達成するものである」と捉え,こうした経営のあり方が米国産業の競争力低下に帰結したと評している。他方,日本の株式持ち合いに代表されるように,日本やドイツには将来性を見極めたい半永久的株式保有者が多く,継続的な研究開発や設備投資による企業の長期的な成長が可能となったと論じている。先に検討したように,米国

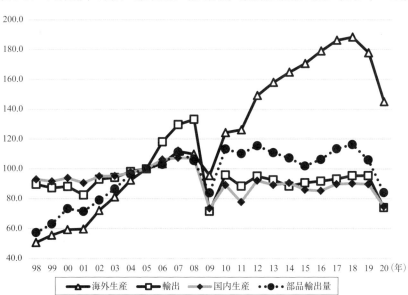

図7-14 4輪自動車の国内・海外生産・輸出台数,部品輸出指数の推移(2005年=100)

(出所)財務省「貿易統計」および日本自動車工業会資料より作成

---

15) Michael E. Porter (1992), 'Capitalism Disadvantage: America's Failing Capital Investment System,' *Harvard Business Review*, September-October. https://hbr.org/1992/09/capital-disadvantage-americas-failing-capital-investment-system (2024年2月14日閲覧):引用部分は筆者が翻訳した。

の対日要求を背景に 1990 年代以降に進められた日本の会社・会計制度改革は，こうしたポーターの提言とは逆に，株主利益を優先する短期収益志向の米国式経営の日本への導入を促したものに他ならなかった。

3. 米中グローバル独占と日本独占資本の没落

以上の検討から，日本の産業・経済の衰退は，外需依存的「経済大国」という日本産業の性格とともに，米国の対日要求を背景とした新自由主義的制度改革に起因することが明らかになった。そこで，国際関係および世界経済のなかでの日本経済および日本独占資本の位置づけについて考察しよう。

米国の経済的覇権を追求したクリントン政権は，日本産業・企業を冷戦終焉後の米国の脅威と捉え，日本に市場開放を迫る一方，米国内での軍事技術の民間開放や公的研究機関での技術開発によって ICT や医薬品分野など米国企業の技術力・競争力を高め，日本企業・産業の優位を奪っていった。とりわけいわゆる GAFA など ICT 企業は，ネット上でのコミュニケーションや流通の基盤（プラットフォーム）とその利用履歴などデータの独占に基づいて巨額の利益を獲得しているが，技術開発において軍民共用技術として米国政府の支援を受けてきた点は看過できない[16]。こうして米国企業が技術的優位を確立した分野について米国政府は，上記の「戦略的通商政策」を通じて各国に市場開放と米国式ルールの導入を進め，世界市場において米国企業・産業が独占的地位を獲得することを後押しした。

他方，クリントン政権は中国の WTO 加盟を支援し，米国企業は豊富な低賃金労働力を擁する中国などアジア企業との提携や生産委託を通じて競争力を強化し，日本企業も同様の提携・現地生産を迫られ，国内産業の空洞化が進行した。一方，米国および日本企業との提携や生産委託を進めた韓国，台湾，中国などアジア企業は産業技術の獲得と形成に努めた。とりわけ国家支援を受けた

---

16) マリアナ・マッツカート（大村昭人訳）（2015）『企業家としての国家』薬事日報社；井上弘基（2018）「DARPA 軍民両用技術が寄与する米国軍産学の際限なき増強循環」（『季刊経済理論』第 55 巻 3 号）桜井書店を参照。

中国企業は企業間提携や生産委託，さらには中国人学生の海外留学や中国人技術者の海外就労を通じて産業技術を獲得し，ICT や AI の社会実装を進め，近年では技術覇権や世界シェア，国際規格をめぐって米国企業と競争を繰り広げている。米中対立は貿易摩擦だけでなく資源調達，宇宙開発や核軍拡，軍事転用可能なものも含めた技術開発をめぐる主導権争い，ICT や通信規格，留学生の制限，さらには企業経営と国家支援のあり方など軍事・産業技術，経済・政治体制，人的交流などさまざまな領域に及び，米中双方の企業が提供するプラットフォームの世界的囲い込み，サプライチェーンの分断が生じている[17]。このような米中対立に関しては，軍事技術とも密接に関連する研究開発への国家支援，また「戦略的通商政策」や「一帯一路」[18] など通商面での国家的支援を受けつつ，世界市場支配をめぐるグローバル独占としての米中巨大企業間の角逐とも理解できる。

　内需縮小と国際競争力低下に起因する日本産業の衰退に対して日本政府は 2010 年代以来，財政支出や官製市場，国内独占価格などによって旧来の独占資本の温存を図る政策を繰り返した。家電エコポイント制度，ガバナンスクラウド，マイナンバー制度など政府主導の電機・ICT 企業支援策，五輪・カジノ・リニアなど公共事業を含む再開発事業，水道事業や教育分野，政府業務の民間委託や PFI など，政府支出や官製市場を通じた産業支援策が実施されたが，国内独占企業の短期的収益向上に資するものが中心である。「脱炭素」の世界的潮流のなかでの日本のエネルギー政策は原発とともに水素・アンモニア，CCUS を活用しつつ火力発電を温存して再エネ転換に消極的だったため，再エネ発電の比率は高まらなかったが，大規模集中型の大手電力会社や重電・重機メーカーの短期的利益を優先したものと捉えられる。2000 年代初頭に日本企

---

17)　米中対立の経過と性格については，奥村晧一（2019）『米中「新冷戦」と経済覇権』新日本出版社；平野健（2020）「現代アメリカのグローバル蓄積体制と中国」（『季刊経済理論』第 56 巻 4 号）桜井書店；中本悟・松村博行編（2022）『米中経済摩擦の政治経済学』晃洋書房などを参照。

18)　「一帯一路」については，平川均・町田一兵・真家陽一・石川幸一編（2019）『一帯一路の政治経済学—中国は新たなフロンティアを創出するか—』文眞堂を参照。

業は太陽光パネルや風力発電設備などの分野で高い競争力を誇っていたが，2010年代に国内で再エネ普及が遅れたために競争力を失い，2020年代には欧米企業，さらにはこの分野で急成長を遂げている中国企業から大きく取り残される状況に陥っている[19]。

このように，旧来型技術に基づく国内独占に立脚しつつ，短期収益性志向の企業経営を脱却できない日本の大手企業は，上記の再エネ分野に加えてEV，ICTやバイオなど世界的な技術革新に取り残され，国際競争力を回復する見通しは開かれていない。日本政府の産業政策は国内独占資本の既得権保護と短期的収益の支援が中心で，日本独占資本は世界的な産業転換から取り残され，没落を迎えている。すなわち，グローバル独占志向の米中の国家独占資本主義に対して，日本は既得権保護志向の国家独占資本主義と捉えられる。

なお近年，日本の大手企業は史上最高益をあげ，株価はバブル期を上回った。内需も国際競争力も衰退するなかでの株高は，円安による海外収益増大に加え，図7-13に示された内部留保や株主還元を増大させた企業行動，金融緩和の継続や新NISA推進政策に伴う投機的株式購入にも起因する。とりわけ企業行動による株高に関しては，配当や自社株買いによる企業から株主への還元額が株主・投資からの資金調達額を大幅に上回る「株式市場の逆機能」[20]が続いており，日本企業と従業員が培ってきた技術や競争力の果実，将来の技術開発や成長の原資が食い潰され，株主還元に振り向けられていることを意味している。

おわりに——日本産業・経済再建の課題

本章で明らかになったように，需要・供給両面での日本経済の衰退は40年来の外需依存的産業構造と，20年以上継続してきた新自由主義的制度改革に起因するもので，日本産業・経済の再建を図るためには，需要・供給両面での根本的変革が不可欠である。

---

19) 詳細については村上（2024）第6章第1節を参照。

20) スズキトモ（2022）『「新しい資本主義」のアカウンティング―「利益」に囚われた成熟経済社会のアポリア―』中央経済社，80頁。

第 7 章　日本経済の衰退と日本独占資本の没落　193

　需要面での衰退に対して，最低賃金引上げなど労働条件改善や所得再分配を通じて貧困・格差を克服し，内需拡充によって国内経済の再建を図る意義は大きい。ただし図 7-10 では国内消費財に占める輸入品の比率が高まっており，内需拡大が貿易赤字とさらなる円安を招く点は看過できない。国内供給力強化策を欠いた内需拡大策が円安と物価上昇を深刻化させる点は軽視できない。

　そこで重要になるのが，内需に応答した安定的な国内生産基盤の構築である。高度成長期以来，資源・エネルギー・食料を輸入に依存してきたが，2010 年代以降は国内供給力の衰退によって輸出産業の貿易黒字が減退し，輸入に依存する品目が増加して貿易赤字が常態化したため，円安と物価上昇が進んでいる。こうした事態に直面した今日，輸入依存が前提されてきたエネルギーと食料の自給と地産地消が図られる必要がある。とりわけ省エネ・再エネ技術の発展に伴い，エネルギー自給による化石燃料輸入の克服と，2050 年温暖化ガス排出ゼロの達成が見通せる技術的条件が整えられている[21]。こうした技術的条件を活用し，食料とエネルギーの地域内供給によって，持続可能な供給力の形成が図られるべきである。さらに，食料・エネルギーの地産地消の広がりは，所得の地域内循環を通じて地方経済での雇用拡大をもたらし[22]，東京一極集中の是正によって少子化・人口減少の抑制にも貢献しうる[23]と考えられる。

　新自由主義的改革の帰結について明らかにした通り，株主利益と短期収益性を優先する企業経営によっては安定的な国内供給力の形成は難しい。中長期的視点からの投資決定，短期的な収益より人類的課題の優先，地域循環の重視など，利潤原理とは異なる意思決定が行われるべきである。株主利益を最優先する経営のあり方の見直し，「新自由主義からの転換」が広く共有されるようになっ

---

21)　歌川学（2022）「エネルギーからの二酸化炭素排出をどのように削減するか」岩井孝・歌川学・児玉一八・舘野淳・野口邦和・和田武『気候変動対策と原発・再エネ』あけび書房所収，を参照。

22)　岡田知宏（2020）『地域づくりの経済学入門（増補版）―地域内再投資力論―』自治体研究社を参照。

23)　出生率の低い東京圏への若年人口の流入が，日本全体の出生率の低下につながっている問題は広く共有されている。増田寛也（2014）『地方消滅―東京一極集中が招く人口急減―』中央公論新社などを参照。

ている[24]が，利潤原理に従属しない供給力の拡充，私的所有に基づく生産関係を変革することが構想，実践されるべき局面を迎えているものと思われる。

参 考 文 献

井上弘基（2018）「DARPA 軍民両用技術が寄与する米国軍産学の際限なき増強循環」（『季刊経済理論』第 55 巻 3 号）桜井書店

歌川学（2022）「エネルギーからの二酸化炭素排出をどのように削減するか」岩井孝・歌川学・児玉一八・舘野淳・野口邦和・和田武『気候変動対策と原発・再エネ』あけび書房所収

岡田知宏（2020）『地域づくりの経済学入門（増補版）―地域内再投資力論―』自治体研究社

奥村晧一（2019）『米中「新冷戦」と経済覇権』新日本出版社

角瀬保雄（2005）『企業とは何か』学習の友社

菊池信輝（2016）『日本型新自由主義とは何か』岩波書店

熊谷重勝（2003）「キャッシュフロー計算書」小栗崇資・熊谷重勝・陣内良昭・村井秀樹編『国際会計基準を考える』大月書店

佐々木憲章（2019）『日本の支配者』新日本出版社

佐藤文昭（2017）『日本の電機産業　失敗の教訓』朝日新聞出版社

鈴木健（2008）『六大企業集団の崩壊』新日本出版社

スズキトモ（2022）『「新しい資本主義」のアカウンティング―「利益」に囚われた成熟経済社会のアポリア―』中央経済社

清晌一郎編（2017）『自動車産業の海外生産・深層現調化とグローバル調達体制の変化』社会評論社

手島直樹（2015）『ROE が奪う競争力』日本経済新聞出版

中本悟・松村博行編（2022）『米中経済摩擦の政治経済学』晃洋書房

萩原伸次郎（2011）『日本の構造「改革」と TPP―ワシントン発の経済「改革」―』新日本出版社

原丈人（2017）『「公益」資本主義』文藝春秋

平川均・町田一兵・真家陽一・石川幸一編（2019）『一帯一路の政治経済学―中国は新たなフロンティアを創出するか―』文眞堂

平田光弘（2001）「OECD のコーポレート・ガバナンス原則」（『経営研究所論集』第 24 号）東洋大学

平野健（2020）「現代アメリカのグローバル蓄積体制と中国」（『季刊経済理論』第 56 巻 4 号）桜井書店

藤田実（2014）『日本経済の構造的危機を読み解く』新日本出版社

増田寛也（2014）『地方消滅―東京一極集中が招く人口急減―』中央公論新社

24）　レベッカ・ヘンダーソン（高遠裕子訳）（2020）『資本主義の再構築―公正で持続可能な世界をどう実現するか―』日本経済新聞出版などを参照。

マリアナ・マッツカート（大村昭人訳）（2015）『企業家としての国家』薬事日報社
丸山恵也（1989）『日本的経営―その構造とビヘイビア―』日本評論社
三和裕美子（2016）「ヘッジファンド・アクティビズムと現代企業」（『経済』2016年12月号）新日本出版社
村上研一（2013）『現代日本再生産構造分析』日本経済評論社
村上研一（2024）『衰退日本の経済構造分析―外需依存と新自由主義の帰結―』唯学書房
柚木澄（2020）「アメリカ式経営の導入と日本的経営」（『経済』2020年11月号）
湯之上隆（2013）『日本型モノづくりの敗北』文藝春秋
レベッカ・ヘンダーソン（高遠裕子訳）（2020）『資本主義の再構築―公正で持続可能な世界をどう実現するか―』日本経済新聞出版
ロナルド・ドーア（2006）『誰のための会社にするのか』岩波書店
涌井秀行（2005）『東アジア経済論』大月書店
Michael E. Porter（1992）, 'Capitalism Disadvantage: America's Failing Capital Investment System,' *Harvard Business Review*, September-October. https://hbr.org/1992/09/capital-disadvantage-americas-failing-capital-investment-system（2024年2月14日閲覧）

執筆者紹介 （執筆順）

東　浩一郎　客員研究員（東京立正短期大学現代コミュニケーション学科教授）

平野　健　研究員（中央大学商学部教授）

秋保親成　客員研究員（流通経済大学経済学部教授）

前島賢士　客員研究員（獨協大学経済学部非常勤講師）

鳥居伸好　研究員（中央大学経済学部教授）

松橋透　客員研究員（中央大学名誉教授）

村上研一　研究員（中央大学商学部教授）

長期停滞下の現代資本主義
──理論的・実証的・歴史的分析──
中央大学経済研究所研究叢書　83

2024 年 10 月 25 日　発行

編著者　鳥　居　伸　好
発行者　中　央　大　学　出　版　部
代表者　松　本　雄一郎

東京都八王子市東中野 742-1

発行所　中　央　大　学　出　版　部

電話 042(674)2351　FAX 042(674)2354

Ⓒ 2024　鳥居伸好　　ISBN978-4-8057-2277-0　　電算印刷㈱

本書の無断複写は，著作権法上の例外を除き，禁じられています。
複写される場合は，その都度，当発行所の許諾を得てください。

中央大学経済研究所研究叢書

6. 歴 史 研 究 と 国 際 的 契 機　中央大学経済研究所編　A 5 判　1540 円

7. 戦 後 の 日 本 経 済──高度成長とその評価──　中央大学経済研究所編　A 5 判　3300 円

8. 中 小 企 業 の 階 層 構 造　中央大学経済研究所編　A 5 判　3520 円
──日立製作所下請企業構造の実態分析──

9. 農 業 の 構 造 変 化 と 労 働 市 場　中央大学経済研究所編　A 5 判　3520 円

10. 歴 史 研 究 と 階 級 的 契 機　中央大学経済研究所編　A 5 判　2200 円

11. 構 造 変 動 下 の 日 本 経 済　中央大学経済研究所編　A 5 判　2640 円
──産業構造の実態と政策──

12. 兼 業 農 家 の 労 働 と 生 活・社 会 保 障　中央大学経済研究所編　A 5 判　〈品 切〉
──伊那地域の農業と電子機器工業実態分析──

13. ア ジ ア の 経 済 成 長 と 構 造 変 動　中央大学経済研究所編　A 5 判　3300 円

14. 日 本 経 済 と 福 祉 の 計 量 的 分 析　中央大学経済研究所編　A 5 判　2860 円

15. 社 会 主 義 経 済 の 現 状 分 析　中央大学経済研究所編　A 5 判　3300 円

16. 低 成 長・構 造 変 動 下 の 日 本 経 済　中央大学経済研究所編　A 5 判　3300 円

17. ME技術革新下の下請工業と農村変貌　中央大学経済研究所編　A 5 判　3850 円

18. 日 本 資 本 主 義 の 歴 史 と 現 状　中央大学経済研究所編　A 5 判　3080 円

19. 歴 史 に お け る 文 化 と 社 会　中央大学経済研究所編　A 5 判　2200 円

20. 地 方 中 核 都 市 の 産 業 活 性 化──八戸　中央大学経済研究所編　A 5 判　3300 円

中央大学経済研究所研究叢書

21. 自動車産業の国際化と生産システム 中央大学経済研究所編 A 5 判 2750 円

22. ケインズ経済学の再検討 中央大学経済研究所編 A 5 判 2860 円

23. AGING of THE JAPANESE ECONOMY 中央大学経済研究所編 菊判 3080 円

24. 日本の国際経済政策 中央大学経済研究所編 A 5 判 2750 円

25. 体制転換——市場経済への道—— 中央大学経済研究所編 A 5 判 2750 円

26. 「地域労働市場」の変容と農家生活保障 中央大学経済研究所編 A 5 判 3960 円
——伊那農家 10 年の軌跡から——

27. 構造転換下のフランス自動車産業 中央大学経済研究所編 A 5 判 3190 円
——管理方式の「ジャパナイゼーション」——

28. 環境の変化と会計情報 中央大学経済研究所編 A 5 判 3080 円
——ミクロ会計とマクロ会計の連環——

29. アジアの台頭と日本の役割 中央大学経済研究所編 A 5 判 2970 円

30. 社会保障と生活最低限 中央大学経済研究所編 A 5 判 〈品 切〉
——国際動向を踏まえて——

31. 市場経済移行政策と経済発展 中央大学経済研究所編 A 5 判 3080 円
——現状と課題——

32. 戦後日本資本主義 中央大学経済研究所編 A 5 判 4950 円
——展開過程と現況——

33. 現代財政危機と公信用 中央大学経済研究所編 A 5 判 3850 円

34. 現代資本主義と労働価値論 中央大学経済研究所編 A 5 判 2860 円

35. APEC 地域主義と世界経済 今川・坂本・長谷川編著 A 5 判 3410 円

━━━━━ 中央大学経済研究所研究叢書 ━━━━━

36.	ミクロ環境会計とマクロ環境会計	A5判	小口好昭編著 3520円
37.	現代経営戦略の潮流と課題	A5判	林・高橋編著 3850円
38.	環境激変に立ち向かう日本自動車産業 ──グローバリゼーションさなかのカスタマー・ サプライヤー関係──	A5判	池田・中川編著 3520円
39.	フランス─経済・社会・文化の位相	A5判	佐藤　清編著 3850円
40.	アジア経済のゆくえ ──成長・環境・公正──	A5判	井村・深町・田村編 3740円
41.	現代経済システムと公共政策	A5判	中野　守編 4950円
42.	現代日本資本主義	A5判	一井・鳥居編著 4400円
43.	功利主義と社会改革の諸思想	A5判	音無通宏編著 7150円
44.	分権化財政の新展開	A5判	片桐・御船・横山編著 4290円
45.	非典型労働と社会保障	A5判	古郡鞆子編著 2860円
46.	制度改革と経済政策	A5判	飯島・谷口・中野編著 4950円
47.	会計領域の拡大と会計概念フレームワーク	A5判	河野・小口編著 3740円
48.	グローバル化財政の新展開	A5判	片桐・御船・横山編著 5170円
49.	グローバル資本主義の構造分析	A5判	一井　昭編 3960円
50.	フランス─経済・社会・文化の諸相	A5判	佐藤　清編著 4180円
51.	功利主義と政策思想の展開	A5判	音無通宏編著 7590円
52.	東アジアの地域協力と経済・通貨統合	A5判	塩見・中條・田中編著 4180円

中央大学経済研究所研究叢書

53. 現 代 経 営 戦 略 の 展 開　A5判　林・高橋編著　4070円

54. ＡＰＥＣ の 市 場 統 合　A5判　長谷川聰哲編著　2860円

55. 人口減少下の制度改革と地域政策　A5判　塩見・山﨑編著　4620円

56. 世 界 経 済 の 新 潮 流　A5判　田中・林編著　4730円
　　　──グローバリゼーション，地域経済統合，
　　　　　　　　経済格差に注目して──

57. グローバリゼーションと日本資本主義　A5判　鳥居・佐藤編著　4180円

58. 高 齢 社 会 の 労 働 市 場 分 析　A5判　松浦　司編著　3850円

59. 現代リスク社会と3・11複合災害の経済分析　A5判　塩見・谷口編著　4290円

60. 金 融 危 機 後 の 世 界 経 済 の 課 題　A5判　中條・小森谷編著　4400円

61. 会 計 と 社 会　A5判　小口好昭編著　5720円
　　　──ミクロ会計・メソ会計・マクロ会計の視点から──

62. 変化の中の国民生活と社会政策の課題　A5判　鷲谷　徹編著　4400円

63. 日本経済の再生と新たな国際関係　中央大学経済研究所編　A5判　5830円
　　（中央大学経済研究所創立50周年記念）

64. 格 差 対 応 財 政 の 新 展 開　片桐・御船・横山編著　A5判　5500円

65. 経 済 成 長 と 経 済 政 策　中央大学経済研究所経済政策研究部会編　A5判　4290円

66. フランス─経済・社会・文化の実相　A5判　宮本　悟編著　3960円

67. 現 代 経 営 戦 略 の 軌 跡　高橋・加治・丹沢編著　A5判　4730円
　　　──グローバル化の進展と戦略的対応──

68. 経 済 学 の 分 岐 と 総 合　A5判　益永　淳編著　4840円

中央大学経済研究所研究叢書

69.	アジア太平洋地域のメガ市場統合	A5判	長谷川聰哲編著 2860円
70.	世界から見た中国経済の転換	A5判	中條・唐編著 3190円
71.	中国政治経済の構造的転換	A5判	谷口洋志編著 4180円
72.	経済理論・応用・実証分析の新展開	A5判	松本昭夫編著 4510円
73.	経済成長と財政再建	A5判	篠原正博編 2640円
74.	格差と経済政策	A5判	飯島大邦編 3740円
75.	公的統計情報─その利活用と展望	A5判	坂田幸繁編著 5280円
76.	トランプ時代の世界経済	A5判	吉見太洋編 3630円
77.	中国政治経済の構造的転換Ⅱ	A5判	谷口洋志編著 3740円
78.	現代地方財政の諸相	A5判	関野満夫編著 2640円
79.	人口と公共政策	A5判	飯島大邦編著 6380円
80.	教育とICT	A5判	伊藤 篤編著 3410円
81.	中国政治経済の構造的転換Ⅲ	A5判	谷口洋志編著 2310円
82.	コロナ禍・ウクライナ紛争と世界経済の変容	A5判	小森谷・章編 2640円

＊表示価格は税込です。